新自由還是新負擔？

美國已婚婦女
育嬰期就業的趨勢

陸先恆 著

政大出版社
Chengchi University Press

國家圖書館出版品預行編目資料

新自由還是新負擔？美國已婚婦女育嬰期就業的趨勢／陸先恆著；李瑞中，胡美珍校譯。–初版–臺北市：政大出版社：政大發行，2012. 07
　　面；　公分
譯自：New freedom or new burden? trends in married women having infants and working in the labor market: 1960-1990
　　ISBN　978-986-6475-19-1（平裝）

1.就業 2.女性勞動者 3.母親 4.趨勢研究 5.美國

542.7952　　　　　　　　　　　　　　　101011200

新自由還是新負擔？
美國已婚婦女育嬰期就業的趨勢

原著書名｜*New Freedom or New Burden? Trends in Married Women Having Infants and Working in the Labor Market: 1960-1990*

原著作者｜陸先恆（Hsien-Hen Lu）

發 行 人　吳思華
發 行 所　國立政治大學
出 版 者　政大出版社
執行編輯　吳儀君
校 譯 者　李瑞中、胡美珍
地　　址　11605台北市文山區指南路二段64號
電　　話　886-2-29393091#80626
傳　　真　886-2-29387546
網　　址　http://nccupress.nccu.edu.tw

經　　銷　元照出版公司
地　　址　10047台北市中正區館前路18號5樓
網　　址　http://www.angle.com.tw
電　　話　886-2-23756688
傳　　真　886-2-23318496
郵撥帳號　19246890
戶　　名　元照出版有限公司

法律顧問　黃旭田律師
電　　話　886-2-2391-3808

排　　版　陽明電腦排版股份有限公司
印　　製　祥新印刷股份有限公司
初版一刷　2012年7月
定　　價　200元
I S B N　9789866475191
G P N　1010101515

政府出版品展售處
• 國家書店松江門市：104台北市松江路209號1樓
　電話：886-2-25180207
• 五南文化廣場台中總店：400台中市中山路6號
　電話：886-4-22260330

尊重著作權，請合法使用
本書如有破損、缺頁或倒裝，請寄回更換

目 錄

圖目錄

表目錄

推薦導讀
Bumpass, Hauser and Palloni

　　婦女就業是 20 世紀美國家庭型態的重要轉變。傳統的家務分工認為婦女主要的職責是相夫教子，而社會規範則強化了這些期待。這些期待包括為了扮演好妻子與母親的角色，婦女被限制在家庭中，倘若他們工作，將對（特別是年幼的）子女有負面的影響。然而，隨著越來越多的婦女逐漸投入有酬勞動市場，這些社會規範與期待對婦女就業所造成的障礙，面臨了重大挑戰。婦女逐漸進入勞動市場的長期趨勢其實反映了美國社會對於「妻子」與「母親」外出工作的強烈抗拒：雇主剛開始只聘用未婚女性，接著是還沒有子女的已婚婦女，其次才是子女已經上學的已婚婦女。當育有學齡前兒童的已婚婦女也投入勞動人口，婦女 M 型年齡就業率中的低谷也就逐漸被填平了。

　　在本書中，陸先恆的分析結合了 1960 至 1990 年美國人口普查資料的大樣本，清楚地記錄了這段期間母親角色之轉變，並且指出造成這個轉變的重要因素。藉由聚焦在育嬰期的女性，他刻劃出這一轉變中最難以抵擋，也最精髓的因素。首先分析人口與經濟因素所扮演的角色，進一步討論托育的提供、育嬰假，以及社會規範等因素。

　　本書重複了早期對育有學齡前兒童之職業婦女特徵的研究，但是將分析焦點置於育有年齡極小的孩子母親身上。夫妻雙方的年齡、教育程度，以及可預期的薪資所得等因素，影響這群婦女的勞動力參與率，進而部分解釋其勞動力參與率變化的長期趨勢。不過，此就業增長之趨勢仍有很大一部分無法被上述變項解釋。本書將社會規範指標加入上述基本解釋模型中，適切地整合既有研究的理論並加以延伸。奠基於參考團體理論，陸先恆以「丈夫的職業團體中妻子被僱用的比例」作為一個育嬰期已婚婦女在面臨是否外出工作的抉擇時，所參考的社會規範脈絡。為了因果推論，這一指標乃由前一期人口普查中，育有

學齡兒童的已婚婦女資料所建構。將此社會規範指標與學齡前兒童的幼兒托育供給變項加入前述基本模型後，本書所提出的新的模型對於育嬰期已婚婦女勞動力參與率趨勢的預測，便幾乎完全符合自1960到1990年這30年間的實際觀察值。

懷孕時期的就業及生產後重返工作崗位本身都是相當重要的，而且也是評估育嬰假之可能影響的關鍵。由於樣本數相當大，讓本書可以聚焦於分析育有三個月以下嬰兒的已婚婦女，並針對他們從生產前一年到產後重返工作崗位期間的就業趨勢進行分析。儘管這群婦女在產前工作的比率升高，但因生育而中斷職業生涯的已婚婦女比率卻減少了，換言之，即是婦女運用育嬰假的結果。

雖然美國人口普查資料沒有對「社會規範」的直接測量，但其他某些調查研究則有。本書對這些資料的分析顯示，那些不贊同育兒期已婚婦女就業的受訪者，在他們自己當了母親之後也比較不會去工作。但在調查資料所涵蓋的期間，贊同育兒期已婚婦女就業的比例增加，導致這群女性勞動力參與的急遽成長。此外，無論支持或者反對育兒期已婚婦女就業，受訪者自身的勞動力參與率都增加了，這說明經濟及其他因素對於提升這群婦女進入勞動市場的影響力相當強大。

至今美國育嬰期已婚婦女就業率已增加至百分之五十以上，本書所揭示的這段轉變過程便有著更深遠的重要性。此外，關於工作與家庭如何相互影響這一議題並不局限於西方社會，類似的轉變過程與改變動力在東亞社會中也已發生，並持續進行中，而這很可能是導致這些國家生育率極低的原因。經濟與人口因素的相對角色、社會規範，以及提供幼兒托育與育嬰假等與家庭有關的社會政策，都將是未來跨國比較的重要研究課題。

作者陸先恆在威斯康辛大學麥迪遜校區（University of Wisconsin-Madison）的人口學與區位學研究中心（Center for Demography and Ecology）完成此一令人印象深刻的專題研究，並取得博士學位。該研究中心乃是世界最重要的人口學研究單位之一，經費來自美國國家衛生研究院（National Institutes of Health）補助，該研究中心提供了讓本書處理大型資料並進行複雜統計分析的軟硬體設備，也提供了絕佳的學術環境。

　　陸先恆是這個研究中心裡最聰穎、最富創造力，同時也是最深思熟慮且勇於挑戰的學生之一。除了在分析上的諸多成果之外，在他的博士論文研究過程中，陸先恆也掌握了過去這30年來，社會學及經濟學領域中有關女性勞動力參與之理論文獻與經驗研究。他是一個獨特且多才多藝的人，憑藉對統計新知的強烈渴求，以及對自學電腦程式語言的興趣，得以將這些技術應用發揮。他也對歷史人口學有所涉略，並與我們其中之一的 Alberto Palloni 合作，針對發展中國家進行生命表以及死因別死亡率的估計，並發展出對於「多狀態生命表」（Multistate Life Table）精闢且複雜之應用。而其他自學的專長也可見於他博士論文的分析當中。西元2005年他的英年早逝，對於他的同事、朋友，甚至是這個研究社群來說，都是極大的損失。否則，他毫無疑問將會在諸多研究領域中做出更多重要的學術貢獻。我們很感謝能夠得知陸先恆最早的一本重要著作將以中文出版，並讓更多讀者能夠閱讀。

Larry Lee Bumpass
Robert M. Hauser
Alberto Palloni

第一章
美國女性勞動力參與的長期趨勢

　　本書探討近半世紀以來，美國的已婚婦女在育嬰期勞動力參與率的長期趨勢。在本書中作者將論證 1940 至 1990 年間，只有育嬰期已婚婦女的勞動力參與率持續增加，而其他婚姻狀況的婦女，其育嬰期的勞動力參與率都沒有持續增加。1940 年代的美國，幾乎沒有已婚婦女在產後一年內有全職工作；但半個世紀之後的 1990 年，則有超過四分之一的已婚婦女在他們最小的子女未滿 1 歲時仍有全職工作。

　　上述育嬰期已婚婦女的就業趨勢發展，可視為美國女性勞動力參與長期增長的一個新構成要素，不過我們對於這個發展的理解不但片斷而且過時。本書運用百分之一樣本（Public Use Microdata Sample, PUMS）的美國人口普查資料，以及「全國生育調查」（National Fertility Study, NFS）和「全國家庭與住戶調查」（National Survey of Families and Households, NSFH）兩筆具代表性的全國抽樣調查資料，來檢驗既有女性勞動力參與的理論對此趨勢的解釋力。由於既有理論無法適切地解釋這一趨勢，因此將社會規範（social norms）及幼兒托育的供給納入考量，提出一個新的理論來解釋造成此趨勢的力量，並刻劃出更完整的圖像。

　　以下先回顧有關美國女性勞動力參與整體趨勢的相關文獻：首先檢驗女性勞動力參與趨勢之理論，然後將焦點放在過去的研究如何描述及解釋所有的已婚婦女及育嬰期已婚婦女各自的勞動力參與趨勢。於本章結尾，將指出該如何更恰當地思考此議題，並略述本書的大綱。

一、女性勞動力參與之趨勢

　　第二次世界大戰結束後不久，杜瑞德（Durand, 1948）的研究報告即指出，在1890 到 1940 年間，所有婚姻狀況的女性，其勞動力參與率都逐年增加，其中增加最顯著的是來自處於生育期的已婚婦女（Durand, 1946），杜瑞德（1946）認為這個趨勢與此年齡層的女性生育率下降息息相關。在杜瑞德（Durand, 1948）與班果夫（Bancroft, 1958）各自於社會科學研究委員會（Social Science Research Council）所出版的兩份研究報告中都指出，第二次世界大戰期間勞動力的短缺，使這個時期的女性有獲得較多工作經驗的機會。雖然在1940 至 1955 年間，美國職場上的性別隔離幾乎沒有改變，但這一歷史事件確實增加了美國社會及雇主對女性參與勞動力的接受度（Bancroft, 1958）。

　　隨後有學者指出，美國女性勞動力參與的長期趨勢呈現先減後增的 U 字型，意即在近期的增長之前曾是一段長期的衰退（Goldin, 1990）。其他研究者則主張，在1940 年之前，女性勞動力參與率的成長並不明顯，且參與率的增加，可能源自美國人口普查問卷改進了對婦女勞動力參與的詢問方式所造成的假象（Jaffe, 1956; Oppenheimer, 1970; Smuts, 1960）。然而所有研究都一致指出：二次大戰之後，婦女就業率的增加不但快速且持續（Bancroft, 1958; Davis, 1984; Durand, 1946, 1948; Goldin, 1990; Moen, 1992; Oppenheimer, 1970; Waite, 1981; Smith and Ward, 1984, 1985; Shank, 1988）。從1950 至 1990 年，婦女佔總體勞動力的比例每十年就增加約10%。郭登（Goldin, 1990: 10）指出：「假使婦女的勞動力參與在過去的一百年並未擴張，美國總體勞動力參與率將（從 1890 年的52%）降至1987 年的46%」。

　　第二次世界大戰之後美國女性勞動力參與率的快速增長，部分反映了1920 及 1930 出生世代的生命歷程。在本世紀初，女性工作者通常年輕且未婚。當時若無特殊的經濟需求，婦女一旦結婚就離開勞動市場。二次大戰開始，由於戰爭期間對女性勞動力的需求及戰後經濟的快速成長，婦女「年齡別就業率」的分配便從過去集中在年輕未婚時期的單峰分配，轉變為兩個眾數的 M 型分配（Shank, 1988; Waite, 1981）。許多年輕婦女曾經在二次大戰期間獲

得工作經驗：其中大多數的女性在戰爭一結束便離開工作，但幾年後又再度回到有酬勞動市場（Goldin, 1990; Shank, 1988; Waite, 1981）。M 型雙峰的婦女年齡別就業型態延續到之後的出生世代，直到戰後「嬰兒潮」世代（1946-1955）為止。嬰兒潮世代以降，婦女年齡別就業型態從雙峰分配轉變成單峰的高原型態，這高原型態呈現了從年輕一直持續到生育時期的高就業率（Smith and Ward, 1985; Waite, 1981）。

在 20 世紀的美國社會，各年齡層女性的就業比率皆持續增加。唯一例外的是 25 歲以下的年輕女性，於 1940 到 1960 年間呈現下降的趨勢（Waite, 1981; Smith and Ward, 1984, 1985）。在 1950 及 1960 年代，幾乎所有女性工作者在有了子女後即離開勞動市場（Sweet, 1973）。與前述研究所提出的按照世代劃分的年齡別就業分布模式一致，不同時期的美國女性工作者所呈現的年齡別分布模式一直到 1980 年都呈現 M 型。就在女性就業率的年齡分布模式隨著年代從 M 型轉變成一個持續的、倒 U 字形的高原型態的同時，男女就業人口比率的差異亦隨之縮減（Masnick and Bane, 1980; Shank, 1988）。

雖然就業女性每週工作時數往往少於就業男性，但大多數的婦女仍是全職且全年工作（Shank, 1988）。寇門及潘可非（Coleman and Pencavel, 1993）的研究發現，自 1940 年以來，婦女「勞動力參與率」增加的幅度，遠大於其「每週工作時數」或「每年工作週數」增加的幅度。近幾十年來，就業女性的工作時數相對來說是穩定的。

對於女性勞動供給在近幾十年「如何」與「為何」成長的解釋，有來自經濟、人口以及社會的成因。我在此對過去的研究作一個簡要的回顧。

（一）女性工作者的薪資

經濟學家認為女性勞動力參與的成長乃是反映勞動市場的供需平衡，並主張過去近幾十年的主要改變是由需求增加所致。閔社（Mincer, 1962）以降的研究（如 Bowen and Finegan, 1969; Cain, 1966; Hill and O'Neill, 1992; Smith and Ward, 1984, 1985）都指出，1890 年之後，女性勞動力供給增加的長期趨勢，主要肇因於需求曲線的改變，而非有彈性且相對穩定的供給函數。女性工作者

的薪資水準，以及家庭其他收入來源，特別是丈夫的收入，都被用來估計影響需求與供給之作用力。[1]

假設平均「（家庭）收入效果」高於「（女性）薪資效果」，我們會看到一個後彎的供給曲線。而此條件的成立，在於排除女性薪資及家庭其他收入來源之後的淨邊際供給彈性（即在附錄 1-1 的 S^*）很小或等於零。運用橫斷面的個人資料，龍格（Long, 1958）發現收入效果大於薪資效果。假設其發現為真，而且 S^* 很小或等於零，那麼長久下來，薪資的長期增加應導致女性勞動力的減少。然而美國女性勞動力實際上是長期成長，龍格對此感到困惑，因此他指出這個 S^* 必定很大，譬如科技發明（如洗衣機）或其他的改變減少了婦女做家事的時間並增加其勞動力供給。

閔社（1962）則指出，龍格（1958）之所以看到較高的收入效果，是因為他混淆了「永久性家庭收入」和「暫時性家庭收入」。[2] 雖然已婚婦女的勞動力供給也與暫時性家庭收入的改變呈負相關，但長期的女性勞動力供給主要由永久性家庭收入所決定。由於暫時性收入效果不影響長期勞動力供給，因此龍格（1958）的橫斷面研究高估了收入效果。將永久性收入與暫時性收入區分後，閔社及其合作者發現了更強的薪資效果，而女性薪資的效果也大於（或至少等於）家庭收入的效果。[3] 史密斯與華德（Smith and Ward, 1984, 1985）將閔社對已婚婦女的模型運用到所有女性。他們指出，女性薪資的長期成長解釋了自 1950 到 1980 年間，女性勞動力供給當中約 60% 的成長趨勢。亦即婦女薪資每增加一個百分點，女性勞動力供給即擴充約三分之一個百分點。

然而閔社此一早期研究及其後來的跟隨者所作出的結論，並沒有將美國近幾十年來收入及薪資兩個因素其「效果本身的變異」納入考慮。郭登（Goldin, 1990）提醒我們要注意收入效果及薪資效果本身的改變，並指出，自 1900 到

---

[1] 請參見附錄 1-1 對勞動力供給之供需函數的討論。對育嬰期的已婚婦女之就業比例的薪資及收入效果之討論請參見第四章。

[2] 對永久性及暫時性收入的區別，其理論源起請參見費德門（Friedman, 1957）的消費理論。

[3] 這也就是說在註腳 1 所提及的附錄 1-1 的史勞斯基（Slusky）等式中的 $\alpha \leq 1$。閔社（1962: 69, 92）雖沒有明說，但假定 $\alpha = 1$，即 $\eta = \eta^s - \varepsilon$。

1980 年間，收入效果及薪資效果都隨時間遞嬗而遞減。但因為女性就業者的薪資在1980 年之後更明顯增長（O'Neill, 1985; Smith and Ward, 1984, 1985），所以縱使單位薪資成長的效果降低，女性總體的勞動力供給仍持續增加。

　　況且，收入效果及薪資效果的大小不僅不能由單一經濟法則來決定（Mincer, 1962），我們還必須考慮這些經濟因素的社會面向。正如同收入效果及薪資效果可能在不同的社會中而有所不同，這些效果也可能隨社會變遷而改變。譬如，如果一個社會的成員對家庭的社會連帶強於對勞動市場的社會連帶，那麼收入效果便可能大於薪資效果；相反的，對家庭的社會連帶若較弱，則可能導致較大的薪資效果。這並不表示我們必須嚴格地區別「經濟」與「社會」效果，而是收入效果與薪資效果的改變總是涉及不同社會制度與社會團體間的交互作用。不管是作為改變收入效果與薪資效果的原因或結果，社會變遷的方向、差異性及速度都和收入及薪資效果的大小同等重要。此外，「薪資效果大於收入效果」這個發現也指出，此時期勞動市場對已婚婦女的吸引力乃是獨立於他們丈夫及家庭的經濟狀況。

（二）教育程度和工作經驗

　　過去對女性勞動力參與的研究強調教育程度和工作經驗的重要性，無論是對於婦女薪資水準的改變（Cain, 1966; Smith and Ward, 1985），或是女性勞動力參與的改變（Goldin, 1983, 1990; Leibowitz, 1975; Michael, 1985; Sweet, 1973）。工作經驗和教育程度代表女性勞動者的人力資本，因此女性教育程度和工作經驗水準的增加都將提升其收入的潛能與市場接受度。[4] 由於薪資對於婦女就業很重要，因此收入潛能的提升將間接提升女性勞動力參與。

　　史密斯、華德（1985）的一個重要主張是，女性工作人口的平均工作經驗（以工作總年數計算）在1920 至1980 年間並沒有什麼變化，甚至在1980 年還稍低於1920 年。這是因為在這一大段時期進入勞動市場的女性多數鮮有工作

4　工作經驗對薪資的效果已知不是直線，史密斯、華德（1985）發現從第 20 年之後的工作經驗不再有影響效果。

經驗，因此女性勞動力參與的增加反而降低了現職女性工作者的平均工作經驗。這一主張部分解釋了為何此時期男女薪資差距並沒有明顯降低。[5] 不過就美國所有婦女的工作經驗而言，其趨勢是明顯增加的。在1980年後，所有婦女工作經驗的長期增加最終也縮小了男女薪資的差距。

根據史密斯、華德（1985）的估計，女性的平均教育年數隨出生世代而提高：從1866至1870世代的7.2年，到1951至1954世代的12.7年。到了1979年，進入大學的女性已多於男性（Waite, 1981）。麥可（Michael, 1985）估計在1950到1979年之間，女性勞動力參與成長的24%可歸因於人口中教育組成的改變，52%來自教育效果改變對特定教育程度之女性勞動力參與的影響，而最後的24%則來自二者的交互作用。

（三）子女狀況

直到20世紀初期，美國社會規範依然認為「好母親」在孩子年幼時應留在家裡當全職母親（Davis, 1984; Goldin, 1990）。[6] 經濟學家則認為照顧子女耗費時間精力，因此生養子女會降低女性勞動力參與。

不論社會規範的解釋或是經濟學的觀點何者較為適切，橫斷面的研究都顯示，是否育有子女、子女年齡及子女個數皆與婦女勞動力供給呈負相關（如 Browning, 1992; Cain, 1966; Hill and O'Neill, 1992; Sweet, 1973; Waite, 1980）。雖然育兒與就業間的因果關係尚未有定論（Waite and Stolzenberg, 1976; Stolzenberg and Waite, 1977; Smith-Lovin and Tickamyer, 1978; Cramer, 1980; cf. Sweet, 1982），針對婦女勞動力參與率長期趨勢的研究已發現，生育率的下降

5　雖然本研究的目標不在於解釋薪資性別差距的改變，但還是該指出一些研究並不同意僅用工作經驗去解釋薪資性別差距的取向（如 Sørensen, 1990; England, 1992）。譚康榮（Tam, 1997）的研究支持專業化的人力資本假設，強調在解釋男女薪資差異時工作經驗及技術的重要性。然而我們需要更多研究去了解限制女性取得或不能取得某些特定人力資本的社會過程及生物基礎。

6　歷史研究指出在美國及其他工業化的西方社會，所謂「傳統的」女性性別角色其實並不傳統，而是在工業革命之後，20世紀初期形成的（Davis, 1984; Goldin, 1990）。在工業化過程中，經濟活動從家庭移轉到工廠或公司，使得工業化初期，已婚婦女從直接參與經濟活動的角色中逐漸被邊緣化（Berch, 1982; Bonvillain, 1997; Davis, 1984; Mathaei, 1982; Goldin, 1990; Tilly and Scott, 1989）。

與近年來女性勞動力參與的成長有關，特別是在1960年之後（Waite, 1981; Michael, 1985; Smith and Ward, 1985）。邦博斯（Bumpass, 1969）主張，女性就業的增加降低了其結婚意願或導致其晚婚，並進而與低生育率有關。

　　根據史密斯、華德（1985）的估計，1950到1980年間可被薪資因素解釋的女性勞動力參與率成長，一半來自於生育率的改變。麥可（1985）指出，在1950到1980年之間，已婚婦女在就業和撫育子女二者間的衝突驟減。我們還需要更多的研究來回答子女與女性就業率之間的相關性減弱的原因，特別是育有需要密切照顧的嬰兒之母親。本書將焦點放在育嬰期的已婚婦女，預期對此問題提出部分解答。

（四）服務業擴張和供需的交互作用

　　歐本海默（Oppenheimer, 1970, 1973）認為，欲了解1940到1960年間女性勞動力參與率的成長，必須先了解女性勞動力供給與需求間的交互作用。歐本海默發現，產業及職業類別的轉型提高了對女性勞動力的需求。年輕未婚婦女是1940年之前女性勞動力的主力，然而早婚和延後離開學校減少了年輕未婚婦女的供給，勞動市場開始接受較年長的已婚婦女，以補足女性勞動力供給的短缺。

　　歐本海默（1973）進一步藉由人口次團體的規模與特性，來檢驗及推論女性勞動力的供需狀況。他發現1940年之前的女性勞動力供給型態（即年輕未婚女性）已不再能充分滿足勞動市場的需求，因此年紀大且已婚的女性人口持續成為女性勞動力中相當重要的一部分。郭登（1983, 1990）也指出，這類型服務業工作的激增及女性教育程度的提升，都促使女性勞動力供給在1940年後急遽成長。其中，女性教育程度的提升更是婦女得以取得文書等職員工作的必要條件。

　　女性勞動力參與的成長帶動了許多主要的社會變遷。而上述解釋隱含了女性勞動力參與的增加，乃是肇因於勞動市場需求的改變。這樣的需求改變將各個社會人口群體納入勞動市場，並在實質上改變了他們的生活型態。而這些改變對於已婚婦女及育有學齡前兒童的母親之社會生活有著最為顯著的影響。

二、已婚婦女與擁有學齡前兒童的母親在勞動市場的工作

　　過去幾十年來，相較於所有女性的勞動力參與成長，已婚婦女投入勞動市場的成長比例更為快速。1900 年，已婚婦女參與勞動市場的比例，比所有婦女的參與比例低15%。1960 年時，這個差距縮小為不到10%。到了 1985 年，這是美國歷史上第一次已婚婦女參與勞動市場的比例等同於所有婦女的勞動力參與率。1990 年，已婚婦女的勞動力參與率首度高於所有婦女的平均勞動力參與率（Moen, 1992）。

　　雖然上一段所提出的解釋可以廣泛說明這個現象，但是已婚婦女就業的趨勢顯然挑戰了傳統社會學理論中對婦女的家庭角色及其生命歷程的看法。派森思（Parsons, 1949）曾強調，性別角色的差異與區隔，在我們社會中對於維繫婚姻穩定度有功能上的必要性。[7] 他認為在一個工業化的都市社會中，家庭關係並不被經濟結構所保護。作為一個社會制度，家庭必須發展出某些機制來保護它自己，而在我們的社會中，家庭所發展出的機制便是丈夫與妻子的性別角色區隔。丈夫的主要性別角色分工乃是養家活口，而妻子則是操持家務。功能上，丈夫從事經濟生產的工作，而妻子則提供家庭在社會面及情感面的支持。因此，婦女在勞動市場上應扮演較少的角色，並應相對被排除在職業系統之外。如果婦女在勞動市場中如男性一般被僱用，將導致夫妻之間的競爭衝突，進而使家庭不穩定。派森思表示，社經地位較低的群體，妻子比較常進入就業市場，其結果便是家庭比較不穩定（Parsons, 1949）。雖然派森思及其理論在社會學界的影響力已逐漸式微，當代經濟學家（如 Becker, 1991）卻以不同的語言做出相同的論述：家庭中的性別分工乃是促進家庭或家戶形成的重要誘因，而晚近離婚率的增加便源自於女性勞動力參與的提升（McLanahan and Casper, 1995; Ruggles, 1997）。[8] 另一方面，離婚的可能性提高也提供婦女在結

7　關於此一婚姻的「專業化以及交易模式」其更早的原型來自於涂爾幹。請參照歐本海默（Oppenheimer, 1997a）及拉格斯（Ruggles, 1997）的文獻回顧。

8　可惜的是，拉格斯（Ruggles, 1997）及邁克藍納漢與凱思培（McLanahan and Casper, 1995）的經驗資料乃是來自擁有高比例移居就業婦女與高比例單親媽媽的都會地區。這些婦女或母親的家中都高

婚及生子女後繼續留在勞動市場的誘因（Becker, 1985, 1991）。

　　在仔細檢視1940年代之後女性勞動力參與的趨勢後，歐本海默（1977）修正了派森思「參與—衝突」的主張。歐本海默認為，經驗證據顯示已婚婦女的工作總是有利於家庭的社經需要，幫助家庭維持其社會地位。此外，只要夫妻不在同一家公司或機構工作，他們就沒有直接的競爭衝突。歐本海默認為，婦女就業或其社會地位並不會與其丈夫的就業和社會地位有所衝突，反倒是對於家庭收入及家庭社經地位都有輔助的功能。

　　不僅強調已婚婦女對於家庭經濟的輔助性功能，歐本海默（1974, 1979, 1982）進一步發展出「生命週期擠壓理論」（life cycle squeeze theory）來解析為何婦女在不同的家庭生命週期選擇參與或退出勞動市場，以及1960到1970年間婦女勞動供給成長的原因。對於一對已婚夫婦的家庭生命週期，他界定了兩次擠壓期：第一次來自結婚後的家庭建立，第二次是在家中有青少年時期的孩子。他總結女性勞動力參與乃是因應於這些家庭擠壓狀況而有所變動，特別是第二種擠壓。而1960到1970年這十年間，男性收入的惡化增加了家庭的經濟壓力，並成為促使妻子外出工作的主要動力之一。

　　歐本海默（1977, 1979, 1982）對於已婚婦女作為家庭收入輔助角色的論點，需要更多研究來更新。譬如，就像某些經濟學家所強調，假設近幾十年來收入效果已低於薪資效果，那麼這段時間男性收入的變化對於婦女就業的重要性，恐怕就很難作為近年來已婚婦女投入工作的主要解釋力。不過歐本海默（1973）將婦女就業視為家庭收入的補充來源，卻忽略了育兒期已婚婦女就業率的大量增加。美國勞動力統計（Waldman, 1983）指出，育有學齡前兒童的女性，其就業增加在過去數十年來是所有女性中最多且最持久的。

　　沃德曼（Waldman, 1983）的報告指出，在過去數十年中，育嬰期女性增加的勞動力參與率比其他育有年紀較大子女的女性要高出許多。1970到1983

年，家中無未滿18歲子女的母親，其勞動力參與率增加了約10%。而在同一時期，最年幼子女在6到17歲的母親，其參與率增加了約30%；而育有不到6歲兒童的婦女，其勞動力參與率約增加64%。最令人驚訝的是，育有未滿1歲嬰兒的婦女，其勞動力參與率的變化則增加到85%（圖1.1）。[9] 在第三章，將進一步比較同樣在育嬰期的已婚婦女及其他婚姻狀況之婦女，其勞動力參與的成長趨勢。

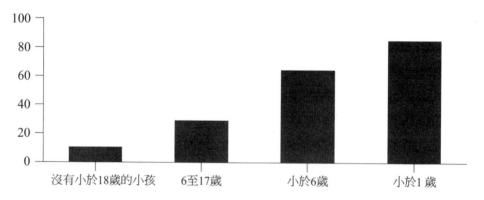

資料來源：計算自 Waldman（1983）表二和表三。

圖1.1：擁有不同子女年齡的母親其勞動參與的成長率（1970-1983）

透過其他研究，我們可以看到「生兒育女」這個家庭生命歷程，在女性勞動力參與上扮演了很重要的角色。偉特（Waite, 1980）認為在生育階段，家庭的經濟需求並沒有比達成預計子女數來得重要。雖然其他研究也指出，許多婦女在最後一個子女出生前即返回勞動市場，顯示生育階段與婦女就業二者關係的模糊（Bumpass and Sweet, 1980; Sørensen, 1983）。但偉特（1980）認為，婦女在生完預計生育的子女數目後，其投入勞動市場工作的機率是比較高的。運用1972年全國高中畢業生的追蹤調查資料（National Longitudinal Survey of the High School Class of 1972），偉特等人（1985）比較了在第一胎出生後，男性

9　從子女樣本所估計得到在雙薪家庭中婦女就業的子女年齡分布相當類似（Hernandez, 1993）。

與女性的就業狀況。他們發現，男性並不會因為第一胎而降低他們的勞動力參
與，甚至還會增加；相反的，女性在第一胎出生後傾向退出勞動市場，不過對
於生第一胎前已經全職工作的女性，其退出勞動市場的機率則稍低。

　　關於生育階段勞動力參與的歧異性，其他研究也提供了一些訊息。邦博斯
與史威特（Bumpass and Sweet, 1980）發現，黑人婦女、教育程度高的婦女及
子女數少的婦女，在他們最後一次懷孕過程中比較可能投入工作。此外，他
們也指出，在1970到1973年之間，所有已婚婦女中，黑人婦女比較傾向在最
後一次生產後三年內回到工作崗位。貝爾（Bell, 1974）認為，黑人與白人母
親之間的差異是源於黑人婦女長期的經濟狀況。萊勒（Lehrer, 1992）發現，
在較高學歷的黑人人口中，種族的效果消失了。尹與偉特（Yoon and Waite,
1994）運用美國全國青年追蹤調查（National Longitudinal Survey of Youth,
NLSY）資料所作的研究發現，自1979年之後，種族效果已不復存在。運用相
同資料，德賽與偉特（Desai and Waite, 1991）也發現，職業特性（例如高學
歷、高薪資與高度工作訓練）及工作上的「非金錢的報酬」（例如彈性工時、
無年齡限制或體力需求的工作），都減少了育嬰期婦女辭去工作的可能性。

　　過去的研究也對育有學齡前兒童的女性，其就業比例的變化提出了各面
向的解釋。邦博斯、史威特（1980）認為，相對於較早的婚姻世代（1955至
1959年間初婚），晚近婚姻世代的女性（1965至1969年間初婚）更可能在
生育階段就業。只是，在此我們需要進一步的研究，來調查「母親工作的趨
勢」和「生育完成對婦女就業」二者之間的關係。而運用1960、1970及1980
年的美國人口普查資料，艾赭賓（Eggebeen, 1988）總結道：對於不到6歲的
白人兒童來說，其母親就業率的提高來自下列因素的變化：學齡前的子女人
數、子女年齡、母親教育程度、年紀和婚姻狀況，以及家庭其他收入的總額。
從1960到1980年，對育有不到6歲兒童的白人婦女來說，其個人的教育程
度、學齡前的子女人數、最小子女的年齡等因素的重要性漸增，但母親年紀
與婚姻狀況的效果則遞減。但是艾赭賓（1988）並沒解釋女性就業的增加是
如何發生的。透過1971到1990年美國「人口現況調查」（Current Population
Survey, CPS）6月份的生育補充調查資料，萊波維茲與克勒曼（Leibowitz and

Klerman, 1994, 1995）發現，對於所有 3 歲以下的兒童來說，母親的年紀及教育程度所產生的影響隨時間漸增，而種族與丈夫教育程度的效果則漸減。[10]

　　已婚婦女及育有學齡前兒童之母親的勞動力參與率增加，已經讓社會學者修正了理論的研究方向。從試著去解釋婦女為什麼待在家裡或在勞動市場裡扮演較不起眼的角色，轉而尋求理解為什麼已婚婦女或母親在負擔重要的家庭責任時會投入工作。在此，逐漸增加的女性勞動力供給，可以視為已婚婦女與未婚婦女之間、育有學齡前兒童的母親與其他婦女之間差異的消弭。

　　歐本海默的理論研究忽略了變化最為快速的次人口群體：育嬰期已婚婦女。歐本海默（1973）甚至排除育有學齡前兒童的已婚婦女作為勞動力供給的可能。不過，他最早、也極具洞見地把關注點放在制度層面：改變中的婦女生命歷程，以及他們作為母親、妻子及受薪工作者的角色。歐本海默預期已婚婦女勞動力參與的變化是導因於男性在勞動市場地位的變化，但此部分的預期發展卻比實際發生的來得輕微許多。

　　如果這個長期趨勢背後的主要癥結純粹來自市場對婦女的直接「拉力」，則不管是「保護機制」或是「輔助貢獻」都無法提供適切的解釋。因為我們看到的是，作為一個社會制度的家庭，它依然存在並適應了此一新趨勢。我們必須去理解「母親在孩子出生的頭幾年即投入工作的雙親家庭」（參考 Goldscheider and Waite, 1991）這一新的家庭生活型態出現的原因。這一類型的家庭生活之所以稱為「新」，是因為直到1960 年代，美國仍未發展出這樣的家庭型態。在下一節，我將論述這一新型態家庭生活的特點，亦即越來越多育嬰期已婚婦女進入勞動市場工作的現象，乃是女性勞動力參與這一晚近趨勢的主要構成因素。同時我也將指出，對於這一次人口群體，先前的研究並無法適切地回答本書所要研究的問題。

10　在本章後段與第二章，會有更多對於這兩篇論文的「左側觀察限制」（left censoring，事件發生在觀察初始點之前）以及其他局限性的討論。

三、過去對育嬰期已婚婦女的研究

自 1960 年以來，育嬰期婦女已成為女性勞動力中成長最快速的新次人口群體。描述性研究已指出，至少自 1960 年以降，女性勞動力的成長高於人口組成比例地集中於已婚婦女（參考 Moen, 1992）。沃德曼（Waldman, 1983）也提出，育嬰期婦女勞動力參與的成長高於人口比例的成長。

海吉（Hayghe, 1986, 1990）指出，已婚婦女與育嬰期婦女二者變化的特性，顯示主要變化來源為育嬰期已婚婦女。根據海吉（1986）的說法，從 1970 到 1985 年，育有未滿 1 歲嬰兒的已婚婦女中，其勞動力參與成長的比例是 105%；但所有子女年紀都未滿 18 歲的已婚婦女中，其成長比例則只有 17%。從海吉（Hayghe, 1990）的表三中可以發現，在各種婚姻狀況下的育嬰期婦女中，已婚婦女的勞動力參與增加得最多。1988 年，育有未滿 18 歲子女的已婚婦女，其參與勞動力的比例約佔 63%。此比例幾乎等同於育有未滿 18 歲子女的單親母親參與勞動力的比例（67%）。

從 1975 到 1988 年，育有未滿 18 歲子女的已婚婦女，其勞動力參與的成長率為 45%，約略是單親母親勞動力參與成長率的四倍。因此，本書第一個任務便是詳盡地探討在就業趨勢中，關於育嬰期已婚婦女的就業變化，並彰顯這些變化的社會脈絡及其重要性。

除了以上回顧的描述性研究外，只有少數研究者（Eggebeen, 1988; Klerman and Leibowitz, 1994, 1995; Sweet, 1974; Sweet and Lowe, 1974; Waite, 1976）曾經調查過本書所關注的趨勢。而過去大多數關於育嬰期已婚婦女勞動力參與趨勢的分析研究，除了史威特與羅易（Sweet and Lowe, 1974）、萊波維茲、克勒曼（1995）的兩篇論文之外，都是附屬於其他主題。但是史威特、羅易（1974）屬於早期的論文，他們無法看到發生在 1970 年以後的變化。萊波維茲、克勒曼（1995）的研究則無法解釋育有未滿 1 歲嬰兒之已婚婦女的就業趨勢。

在詳細比較 1967 到 1969 年全國出生率調查（National Natility Survey）中不同人口與社會群體，史威特（1974）總結道，無論年齡、種族、子女數和教

育程度，懷孕時期的已婚婦女其就業率都隨著時間漸增。儘管這結論所涉及的僅止於子女實際出生前的就業情況，但這篇論文指出，對已婚婦女來說，就業與生育之間的負相關逐漸減弱。

史威特、羅易（1974）進一步調查1960到1970年間，育兒期已婚婦女的就業率變化。此一研究更新了史威特（1972）原有的研究，將人口普查所觀察到的當下就業率拆成不同次人口群體，以諸如年齡、教育程度、種族、子女數和家庭經濟需求等因素來區分。

在這些拆開分析的項目中，史威特、羅易（1974）發現，1960到1970年有增加趨勢的包含：在人口普查前一年內生產的母親中曾經工作的比例，曾經工作和晚近有工作經驗者的比例，在生產後返回工作和持續留在勞動市場的比例，以及育兒期已婚婦女當下的就業率。除了位於「適當收入」（income adequacy）最低等級，以及擁有三個子女以上的人外，一般而言，從1960到1970年，育兒期已婚婦女返回或持續留在勞動市場的比例，在所有已研究的次人口群體中都是增加的。而除了透過次人口群體及分解項目去描繪1960到1970年間，育嬰期女性的當下就業率趨勢外，他們也討論了不同職業群體中女性就業率的變化，並且發現到一個益發相似的長期趨勢。也就是說，此一趨勢乃是普遍並相對獨立於職業、教育程度與人口特性的。如果此一模式可以被類推，它可能可以用來指認美國社會中，已婚婦女勞動力參與的一個新社會規範。這一變化可能是起因於經濟需求的改變甚至是某些歷史事件的發生（參考 Smith and Ward, 1985; Goldin, 1990）；然而一旦開始，它便會持續向外擴散，並影響到比經濟誘因的變化所預測的作用還要多的婦女。本書的主要任務之一便是估計此擴散效果。

關於這個趨勢的研究，需要填補自史威特、羅易（1974）之後知識上的空白，尤其是相較於1960到1970年，1970年以後的變化更為快速。跟隨史威特、羅易（1974）的腳步，本書的目標之一便在於揭示以種族、年齡、教育程度、丈夫收入、子女數目等變項所界定的社會群體中，育嬰期已婚婦女之就業率是如何隨時間變化，而這個變化又有多少與教育水準的改變，或者子女年齡與其他子女數等限制的變化有關。在控制先前理論提出的所有變項後，作者特

別留意趨勢是否延續，但卻無法由任一或所有他們所宣稱的原因來加以解釋。

　　近來有一些研究間接觸及育嬰期已婚婦女的就業趨勢，但這些研究不能直接檢驗那些影響育兒期已婚婦女決定參與勞動市場的因素，其效果是否改變。儘管如此，對女性就業行為趨勢的婚姻效果所得到的研究結果（Eggebeen, 1988; Klerman and Leibowitz, 1994），對於本研究來說仍是有用的資訊。

　　使用 1960 到 1980 年的 PUMS 資料，艾赫賓（1988）發現近幾十年來，母親的婚姻狀況對於其工作狀況的影響已經不那麼重要。此一結果符合海吉（Hayghe, 1986, 1990）、麥可（Michael, 1985）、摩恩（Moen, 1992）及沃德曼（Waldman, 1983）所提出的，各婚姻狀況之婦女就業機會將趨於一致的看法。但以近年來的高離婚率（參考 Bumpass, 1990; Bumpass et al., 1991b; Bumpass and Sweet, 1992; Martin and Bumpass, 1989）來看，艾赫賓在估計育有不到 6 歲兒童的已婚婦女時，可能忽略了那些在生產時仍是已婚，但在觀察時卻已經離婚或分居的女性。[11] 如果像過去某些研究所提出的，離婚的機率與就業有正向的相關（Booth et al., 1984; South and Spitze, 1986），艾赫賓的研究結果必然低估了育嬰期已婚婦女返回勞動市場的機率。[12] 即使不是如此嚴重，艾赫賓的估計也可能把再婚及孩子出生後才結婚的案例混在一起。既然本研究同樣使用橫斷面的資料，但對子女年齡做出較嚴格的限定（未滿 1 歲），應將可以降低可能的偏誤。

　　針對已婚女性勞動力參與行為隨時間變化的研究也指向態度改變的部分（Waite, 1976; Glass, 1992）。運用「美國家庭成長研究」（Growth of American Families Studies, GAFS）的資料，偉特（1976）研究了 1940 到 1960 年的變化，並發現即使是這麼早的時期，育有學齡前兒童對已婚婦女勞動力參與的效果仍隨時間而逐漸減少。偉特認為有兩個因素變得更為重要：婦女在勞動市場的薪資變化，以及整個社會對於女性就業的接受度提高。後者純粹是偉特的推測，因為他在 1976 年的論文中並未提出任何直接的經驗證據。另一方面，

---

11 已婚者的定義：「如果孩子的母親現在有丈夫尚存，則編碼為 1」（Eggebeen, 1988: 151）。
12 雖然女性經濟獨立對於離婚率的影響目前尚無定論，但一般相信效果為正（Dechter, 1991）。

歐本海默（1970, 1982）推測，對女性勞動力供給的態度變化應該是結果，而不是如邦博斯（1982, 1990）所認為的，是勞動力參與變化的原因。戴維斯（Davis, 1984）及邦博斯（1990）認為，由於文化價值對於已婚婦女待在家照顧學齡前兒童有強烈期待，因此育有學齡前兒童的已婚婦女，其勞動力參與的增加乃最後才發生。只是很不幸的，正如邦博斯（1982, 1990）所說，不同次人口群體中抗拒程度的差異，大概很難藉由對於從事該項行為的態度來捕捉，而只能在群體成員的實際行為上觀察到。

葛蕾斯（Glass, 1992）使用美國社會概況調查（General Social Survey, GSS）資料，調查了已婚婦女在態度與就業二者間的關聯趨勢。他發現，從1972到1986年，相較於未就業的已婚婦女，就業的已婚婦女更傾向贊成幼兒母親就業。雖然我們可以質疑就業中的幼童母親的態度及其行為二者的因果方向，葛蕾斯（1992）的發現也指出跨越時間點的正相關仍舊存在。而為了調查態度變化所扮演的角色，我們需要蒐集具有貫時性可比較態度測量、兒童年齡與女性就業狀況等訊息的全國代表性樣本調查資料。

萊波維茲、克勒曼（1994, 1995）的著作，是對育嬰期已婚婦女的最新就業趨勢研究。運用1971到1990年美國人口現況調查（CPS）6月份的生育補充調查資料，萊波維茲、克勒曼（1994）研究了育有3歲以下子女的女性就業率、工作狀況及民間勞動力參與的變化。他們發現，婦女在人口上的特性及收入能力，或者是他們的丈夫在上述兩方面的狀況，都無法解釋學齡前兒童的母親，其勞動力參與的增加趨勢。而婦女對那些影響市場薪資、家庭收入及家戶生產力的因素的反應反而更能解釋此趨勢。此外，這兩位作者發現不同依變項測量（如勞動力參與、就業狀況或正在工作等）的決定因素並沒有重大差異；同時他們也發現，婚姻狀況對育有學齡前兒童的女性來說，對其就業率的效果並沒有改變。

萊波維茲與克勒曼於1995年的論文把焦點放在育有3歲以下幼兒的已婚婦女正在工作的可能性。如同他們在1994年所發表的論文，萊波維茲、克勒曼（1995）指出，即使在統計模型中控制住早期女性勞動力供給研究所強調的經濟因素以及人口特性的效果，婦女生產後的就業率仍有很大的變化。萊波維

茲、克勒曼（1995）認為這些研究結果需要新的理論解釋，才能幫助我們提升
對於這個趨勢的認識。他們的研究也顯示，仍無法被解釋的部分在於育有未滿
1歲嬰兒的已婚婦女的變化。更多關於這個主題的既有研究所採用的變數與模
型細節將在稍後的章節中說明。

四、研究問題與本書架構

　　以上的文獻回顧指出，我們需要進一步研究已婚婦女在生育後的勞動力參
與之長期趨勢，並探索以下議題：對於過去40年間持續增加的趨勢，什麼樣
的社會變遷會是最適當的解釋？社會規範是否產生改變，或者它僅僅是育嬰期
女性在經濟誘因下的行為變化？幼兒托育的供給在此過程中如何改變？態度在
此過程中如何改變？幼兒托育與態度改變扮演了什麼角色？育嬰期已婚婦女的
就業趨勢與這些婦女的生命歷程如何扣連在一起？本書或許無法完全回答這些
問題；但無論如何，它將提供未來的研究關於這些議題的方向。

　　先前研究的發現，在所有婦女當中，就業增加最快速的是育嬰期已婚婦
女。為了彰顯出此增加的重要性，將在第三章說明育嬰期已婚婦女的這一快速
變化，與處於其他生命歷程和其他婚姻狀況的婦女之變化彼此的關係。在第四
章，將重複萊波維茲、克勒曼（1995）對此議題的研究：運用1960、1970、
1980及1990年美國人口普查（PUMS）資料並使用一基準模型（baseline
model），來解釋萊波維茲與克勒曼先前以人口及經濟因素來探討的婦女就業趨
勢。為改進此基準模型的解釋力，本書將進一步檢視萊波維茲與克勒曼所忽略
的諸如社會規範、幼兒照顧供給等供給面因素具有的貢獻。一些涉及生育前後
就業持續性的重要決定因素，比如婦女初婚年齡的變化，或是孩子出生前婦女
工作經驗的變化則無法含括在第四章內，因為1990年的人口普查資料中沒有
包括這些變數。第五章將分析1960、1970及1980的人口普查資料，來測試先
前研究中，關於婦女初婚年齡（Oppenheimer, 1982, 1994）及其先前工作經驗
（Nakamura and Nakamura, 1992, 1994; Duleep and Sanders, 1994）可能影響育嬰
期已婚婦女就業的假設。此外，也將以第五章的樣本來調查育嬰假的趨勢，此

因素對婦女在生育時期持續職業生涯顯然有相當助益。

　　最後，本書也記錄了婦女自身對生育與養育子女的態度變化及其影響。這些態度直接關係到母親角色和已婚婦女決定就業之間的潛在衝突。因為美國人口普查資料中沒有對於態度的直接測量，因此第六章將使用全國生育調查（NFS）及全國家庭與住戶調查（NSFH）資料，擷取對於「完成預期子女數」與「育有學齡前兒童的母親就業造成不同影響的態度面」可比較的資訊。

　　第二章定義每一個分析所使用的變項與樣本，但解釋變項的描述性分析則會分散到各章，以便我們可以就各章關注的主要解釋因素所具有的影響來描繪出一致的圖像。由對以往研究的回顧，第二章討論每個變項的理論意涵及界定這些變項的研究策略。第四到第六章，簡要地說明各章所檢驗的主要變項的研究假設。本書所使用的方法將在第二章作簡單的討論，但整合主要變項的正式模型則在第四章才提出。屆時書中將討論以萊波維茲、克勒曼（1995）的論文為基礎的基準模型，並提出一個新的模型。

第二章
資料、方法與變項

一、資料來源

　　為回答第一章所提出的問題，我們需要具全國代表性的資料。本研究運用了四個橫斷面的人口普查資料庫，以及兩個全美追蹤調查資料的全國性機率樣本。在第三到第五章，本書將使用1960、1970、1980及1990年人口普查的百分之一樣本（PUMS），以闡明育嬰期已婚婦女參與勞動力的趨勢以及社會人口的差異。第六章則運用1970及1975年的全國生育調查（NFS）資料、第一波（1987到1988年）與第二波（1992到1994年）的全國家庭與住戶調查（NSFH I, NSFH II）資料，以便標誌出自1970到1990年代，育嬰期已婚婦女勞動力的參與情形及其態度改變兩者之間的關係。

（一）第三、四、五章中的 PUMS 及樣本

　　第三、四、五章所使用的樣本是1960、1970、1980及1990年的PUMS百分之一樣本，且可進行跨年度比較。此百分之一樣本來自每次人口普查中，回答「長卷」的個人所產生的次樣本，該「長卷」樣本人數比例隨每次普查而有所不同。1960年，這些人數佔普查總人口數的25%；1970年有兩份「長卷」，其中一份的回答人數是當年普查總人口數的15%，另一份則為5%。以本研究的目的來說，後者，也就是5%樣本所回答的問卷包含較多有用資訊，例如婚姻史。因此，在本研究中使用1970年這一5%樣本的次樣本。1980及1990年每一年回答長問卷者為總計人口數的15.9%，這兩年資料我則使用所謂的「樣

本 B」（即百分之一 PUMS）。1990 年之前的 PUMS 樣本都是自身加權，但
1990 年的 PUMS 則對人數稀少的社會團體採取過度取樣。

　　長卷內容包含收入、就業狀況、婚姻狀況、教育程度、工作特性等主題，
對我們的研究目的來說相當有價值（美國人口普查局，1972、1973、1983b、
1993）。另外也使用 1940 年的 PUMS 資料（美國人口普查局，1983a）及 1950
年的 PUMS 資料（美國人口普查局，1984），以建構跨期影響的社會規範指
標，並描繪 1960 年之前育嬰期已婚婦女的就業趨勢。關於每一普查年所使用
的變項的可比較性與重新建構變項的細節將在本章稍後以及附錄2-1 中呈現。

　　為了研究育嬰期已婚婦女的就業趨勢，除了某些特殊狀況會在分析過程中
加以解釋外，本研究皆以 16 到 45 歲的婦女為分析樣本。在宿舍、養老院與監
獄等收容及軍事機構生活的個人則被排除在樣本之外，因為這些團體的樣本數
太少，且他們具有非典型的工作要求。在 1960 及 1970 年的人口普查資料中，
任何年齡超過 14 歲的人都被視為潛在的民間勞動力參與者，不過在 1980 年
之後，只有 16 歲以上的人才會被包含進來。為了使樣本可以進行跨年度的比
較，我將以 16 歲而非 14 歲來作為樣本標準。

　　本研究將分析三種從人口普查資料中擷取出的樣本類型：人口普查資料
中所有 16 到 45 歲的婦女、育有未滿 1 歲嬰兒的已婚婦女、以及育有 3 個月以
下嬰兒的已婚婦女。如前所述，本研究主要關注家中育有極小幼兒的已婚婦
女，因此人口普查樣本是使用育有未滿 1 歲嬰兒的已婚婦女。不過，仍有一些
分析是以所有 16 至 45 歲、未居住於收容機構的婦女為樣本，以探究並闡明育
兒期已婚婦女就業狀況變化的獨特性。將樣本限制為於資料蒐集時育有 3 個
月以下嬰兒的婦女，以便建構產前就業資訊，而且也與育嬰假問題最為相關
（Klerman and Leibowitz, 1990, 1995）。

　　人口普查統計總是在 4 月舉行，因此若檢視於普查前三個月內生育的母親
前一年度的就業狀況資訊，便可以清楚地界定該婦女生育前的就業狀況。但對
孩子已出生超過 3 個月以上的婦女來說則沒有此必然性，因為該婦女前一年的
就業狀況可能等同生產後的就業狀況。因為 1990 年的 PUMS 沒有嬰兒出生季
節的資訊，所以此樣本無法使用 1990 年的資料來建構。表2.1 闡述了各人口普

查年度以及各樣本類型的樣本數。第三章，我們將詳細討論樣本及其描述性統計。

表2.1：1960、1970、1980 和1990 年 PUMS 的百分之一資料，次樣本大小[1]

	1960	1970	1980[2]	1990
全體女性	351,922	401,850	50,685	562,557
擁有未滿1 歲嬰兒的已婚婦女	36,361	28,561	27,709	23,135
擁有3 個月以下幼兒的已婚婦女	8,546	7,019	6,777	--[3]

說明：[1] 住在集體安置所，或小於16 歲、大於45 歲的女性都被排除。在後續的一些分析中，非民間勞動力的女性也被排除。
　　　[2] 缺少丈夫資訊的女性則被視為沒有已婚丈夫。
　　　[3] 資料不適用。

（二）全國生育調查（NFS）和全國家庭與住戶調查（NSFH）的樣本

NFS 及 NSFH 資料都採取兩波追蹤同一組調查對象（Westoff and Ryder, 1977; Sweet, Bumpass and Call, 1988）。也就是說，透過1970 及1987 至1988 年這兩個具全國代表性的樣本資料，我們可以獲得個人在這5 年期間相當完整的婚姻史、工作史及生育史。而使用這五年的觀察期間，我們得以觀察到1970 與1990 年代已婚婦女在產後進入勞動市場的完整過程。

當我們使用 PUMS 這個大樣本去描繪趨勢及差異性時，這兩個社會調查的樣本（NFS 及 NSFH）相當程度補足了我們對此過程的理解。而這兩個資料組的另一個好處是它們對於態度測量的相關性與可比較性：兩項調查都直接測量了受訪者對於就業女性的態度，並且具可比較性。可惜的是，相較於 PUMS 抽出的樣本大小，這兩項調查的樣本比較小，而這可能導致假設檢定時統計檢定力降低。從 NFS 與 NSFH 擷取出的次樣本大小分別為789 與536。[1]

---

[1] 為了建構不同的解釋變項，我也使用1977 至1996 年的社會概況調查（General Social Survey, GSS），1964 到1995 年的 3 月份 CPS，以及1975、1980、1985 及1990 年的 6 月份 CPS。我將在本章介紹解釋變項的部分討論用來建構解釋變項或是用來檢驗解釋變項信度的樣本。

二、方法

　　依照赫克曼（Heckman, 1993）及莫特（Mroz, 1987）對於女性勞動供給所提出的最佳研究策略，本書界定一個二元依變項，以便於指出母親是否就業。為了將本研究的結果與早期萊波維茲及克勒曼（Leibowitz and Klerman, 1995）的論文做比較，本研究將採用機率單元模型（probit model）。[2] 作者把各種不同來源的資料加以匯集，進行描述性與多變項分析。藉由這些匯集資料，作者使用虛擬變項來代表調查年與調查年間平均就業率的差。[3] 此類處理時間趨勢模型的統計特性，請參照 Judge 等人的數學推導（1988: 468-479）。在第四章，將會定義一基準模型及其他的模型。

　　作者以概率比檢定（likelihood ratio test）和貝氏訊息標準（Bayesian Information Criterion, BIC）來進行多變項模型的選擇。兩個模型的對數概率差距的負二倍（-2*Log－Likelihood, $-L^2$）為卡方分配（χ^2）。BIC 是以 $[-L^2 - Ln(N)*df]$ 計算，其中 N 是樣本大小，而 df 是模型的自由度。拉夫特里（Raftery, 1995）指出，較好模型的 BIC 值較小，而當 BIC 值的差距為 6 或 6 以上，便可說兩模型有統計上的顯著差異。

　　第四章將提出以該章最終選定的模型所得到的模擬結果。透過把個人特質放入最終模型，作者將預測育嬰期已婚婦女就業的機率。藉由限制一組特定變項的作用為 0，將描繪出樣本在每一年的平均預測機率，以便比較各種不同限制下的結果。更進一步以類似於萊波維茲、克勒曼（1994, 1995）所使用的方式，在不設任何限制之下，跨年度比較育嬰期已婚婦女的預測就業平均機率，以及實際觀察到的平均機率。

---

[2]　請參照馬達拉（Maddala, 1983）及 阿奎斯提（Agresti, 1990）對於機率單元模型（probit model）的正式討論。
[3]　萊波維茲、克勒曼（1994, 1995）以調查年度建構一個連續變項。不過因為只有不到 5 個時間點，所以選擇使用各特定調查年的虛擬變項。

三、變項

（一）依變項

　　本研究的基本目的是，描繪並解釋育嬰期已婚婦女的長期就業趨勢。為了捕捉近幾十年的主要變化，婦女工作狀況以兩個測量指標操作化：「受僱」（employed, with a job）及「正在工作」（在普查時間之前一週工作，但不論此週工作幾小時）。在第五章中，有部分的分析只關注育有3個月以下嬰兒的已婚婦女的「受僱」狀況，但對家庭生命的變化比對勞動供給的變化更感興趣，因此，在本研究大多數的分析中，是以「正在工作」（無論工時長短）來定義依變項。[4]

　　還有其他可能的策略可對工作狀況進行操作型定義，一個不同於現有策略的主要方法就是考慮工時的變化。然而根據表2.2，從1960、1970、1980及1990年的PUMS所呈現的證據顯示，近幾十年育嬰期已婚婦女工作比例的變化遠大於這些女性工作時數的變化。表2.2的結果也與寇門與潘可非（Coleman and Pencavel, 1993）的論證一致，他們認為在1940到1980年之間，女性勞動供給的變化主要在於婦女投入勞動市場的比例，而非受僱婦女每年平均工時的變化。以下大部分的分析，將致力於描述與解釋已婚婦女在子女年幼時參與勞動市場的比例變化。

4　先前的研究也顯示，使用不同的工作狀況測量指標並不會改變從決定因素的結構中所獲得的主要結果，可能的測量包括是否「參與勞動力」、「受僱」及「正在工作」（無論工時長短）（Klerman and Leibowitz, 1994; Leibowitz and Klerman, 1995）。

表2.2：最年幼子女小於1歲的16到45歲已婚婦女在勞動市場的工作比例及每週
　　　　平均工時的轉變（1960-1990）

	1960	1970	1980	1990
在勞動市場的工作比例	11.3%	16.5%	27.7%	43.3%
勞動女性中的部分工時工作比例	37.9%	39.5%	38.6%	36.9%
受僱女性的平均工時[1]	31.95 (13.24)	32.02 (12.41)	32.32 (12.17)	33.55 (12.11)

資料來源：PUMS（1960, 1970, 1980, 1990）。排除居住在集體安置所，或不屬於民間勞動力的女性後
　　　　　計算而來的。已婚婦女指的是，在調查期間已婚並與丈夫同住者。
說明：[1] 本研究重新界定西元1980和1990年的勞動時數單位，使其得以與西元1960及1970年比較。
　　　　括號中的數值是標準差。

（二）解釋變項

1. 教育程度

　　教育程度無疑是婦女勞動力參與的一個重要決定因素，但既有理論對於育嬰期女性之勞動力參與的教育效果卻提供了矛盾的觀點。藉由區分先前研究所提出的各種受到教育程度中介的效果，本研究嘗試去釐清這一情況。

　　在先前大多數的研究中，教育程度被概念化為生產力及勞動市場中薪資所得潛能的指標：即個人的教育水準越高，其潛在的生產力及在勞動市場中的薪資所得潛能就越高。先前的研究已發現，不管是對育嬰期女性（Eggebeen, 1988; Klerman and Leibowitz, 1994, 1995; Sweet and Lowe, 1974）還是對一般女性（Cain, 1966; Oppenheimer, 1982; Sweet, 1973），教育程度確實影響婦女的勞動力參與。既有研究也發現，近來教育水準的變化與育嬰期女性勞動力參與的擴張密切相關（Eggebeen, 1988; Klerman and Leibowitz, 1994; Sweet and Lowe, 1974）。

　　教育程度不僅被視為市場生產力或薪資所得潛能的測量指標，同時它也代表個人在家庭中的生產力（Klerman and Leibowitz, 1994; Leibowitz, 1975; Hill and Stafford, 1974）、「心理收益」（psychic income）（Bowen and Finegan, 1969）、工作偏好（taste for work）（Cohen et al., 1970）或「心理成本」（psychic cost）（Waite, 1976）。鮑恩與范剛（Bowen and Finegan, 1969）主張，較高教育水準

的婦女比較有機會在較令人愉悅的環境中工作。此外，柯恩等人（1970）也提出，偏好就業的人們傾向於取得較高的教育水準。因此，當潛在經濟收入被控制之後，這二個理論都預測教育程度有淨正向的效果。

　　然而另一些研究者卻認為，相較於低教育水準的母親，高教育水準的嬰兒母親更傾向於離開勞動市場。萊波維茲（1975）主張，教育程度同時提升婦女在市場與家務工作的生產力，且大約提升相等的比率。因此，如果可取得的幼兒托育品質僅足以替代低教育水準婦女的家庭生產力，那麼受過良好教育的婦女就傾向待在家裡。萊波維茲（1975）及希爾與史代福（Hill and Stafford, 1974）發現，上述論點對於1970年代的育嬰期婦女來說是成立的。此外，偉特（1976）提出「心理成本」理論作為另一種觀點，以解釋在扣除教育中薪資所得潛能的效果後，教育水準所帶來的淨負向效果。在他以1960年美國家庭成長研究（Growth of American Families Study）的資料為基礎所完成的論文中，偉特（1976）認為，在控制薪資所得潛能之後，教育程度的負向效果顯示，受更多教育的婦女比較傾向察覺和在意嬰兒因缺乏母親照顧可能造成的潛在負面效果。

　　如果我們控制「薪資所得潛能」，將「心理收益」視為「工作偏好」的特殊案例，並控制「心理成本」（以對「育嬰期女性在市場上就業」的態度進行測量），那麼教育程度應該是家庭生產力與「工作偏好」二者的混合指標。假如這個未被替代的「家庭生產力」效果，並未大於在控制薪資所得潛能及對女性就業態度後的淨「工作偏好」，那麼教育效果就不會是負值；假如情況相反，則教育程度的效果就不會是正值。在育嬰期已婚婦女勞動力參與的擴張下，看起來「工作偏好」也是隨時間增加。換句話說，教育程度的效果已隨時間產生改變。顯然，近來對於嬰兒母親的研究要不沒有充分留意到「薪資所得潛能」以及由教育水準所帶來的其他效果之間的差異（Klerman and Leibowitz, 1994; Eggebeen, 1988），要不就是忽略了這整個社會的變遷（Greenstein, 1989）。

　　為了捕捉過去數十年來教育程度的變化，以及育嬰期已婚婦女在勞動市場的就業成長二者之間的關係，本研究重新建構了各資料庫的測量尺度，以便讓

教育效果的估計可以進行跨年度的比較。在本研究大多數的分析中，教育水準被界定為連續變項。然而，遵循萊波維茲、克勒曼（1994, 1995）的研究策略，我也定義了兩個教育程度的虛擬變項，以便捕捉高中畢業以及大學畢業的非線性效果。每一個普查中的原始項目及編碼細節皆列表於附錄2-1。

2. 已婚婦女與丈夫的薪資所得潛能

只要「自身的」替代效果（或補償性薪資效果）大於收入效果，婦女薪資所得潛能的增加會提高已婚婦女的勞動供給。[5] 另一方面，丈夫的薪資所得潛能則被認為與已婚婦女的勞動供給呈負相關（Mincer, 1962; Cain, 1966; Mott and Shapiro, 1977; Waite, 1980; McLaughlin, 1982; Greenstein, 1989）。對於工作者而言，薪資效果是指市場薪資提供的誘因，收入效果則是用來衡量可取得的經濟資源，這些資源會提高工人願意踏入勞動市場工作的門檻。在研究婦女的勞動供給時，丈夫的永久性收入總是被用來估計收入效果，[6] 假如婦女的薪資效果大於收入效果，那麼在影響已婚婦女就業率的情況下，丈夫薪資所得潛能的效果就不應該大於已婚婦女薪資所得潛能的效果。

如上一章之總結，經驗證據（例如：Mincer, 1962; Cain, 1966; Bowen and Finegan, 1969; Goldin, 1990）已經指出，當收入效果是以丈夫的永久性收入來測量時，美國過去數十年間，機會成本效果的確已超越收入效果。最近的研究也顯示，婦女薪資的提高乃是近幾十年美國婦女勞動供給成長的主因（Smith and Ward, 1985, 1989）。跟隨閩社（1962）所開啟的研究路線，史密斯、華德（1985）以集體層次的資料示範了婦女薪資的解釋力。

萊波維茲、克勒曼（1994）以教育程度作為已婚婦女及其丈夫的薪資所得潛能的「化約形式模型」（reduced form model），以便解釋育有3歲以下幼兒的已婚婦女的勞動力參與成長。不過他們發現不論是平均教育水準的變化或是教

5　請參照附錄1-1的正式定義。在此之後，本書使用「薪資效果」或「替代效果」來取代「補償性薪資效果」或「自身的替代效果」。

6　家庭的暫時性收入並不包含在本分析當中，因為根據定義，它與趨勢無關，而趨勢乃是本研究的關注點。

育程度與工作之間的連結，都無法解釋此趨勢。聚焦於育有3歲以下幼兒的已婚婦女，萊波維茲、克勒曼（1995）進一步依教育程度、種族、年齡及勞動市場特性等條件來推估丈夫及已婚婦女之薪資所得潛能。儘管他們在模型中加入了丈夫與已婚婦女的教育程度及薪資所得潛能、女性失業率和婦女人口特性等這麼多的變項，但很不幸的，他們指出，對育有嬰幼兒的已婚婦女所做的就業水準變化預測仍遠低於實際觀察到的變化：也就是這個模型所呈現的圖像，還是無法解釋很大一部分實際發生的長期趨勢。[7]

為了估計丈夫與已婚婦女的薪資所得潛能對已婚婦女勞動供給的效果，早先的研究者發展了各種不同的研究策略。凱恩（Cain, 1966）與偉特（1976）皆使用線性模型，依年齡、種族、居住地區、教育程度及就業男性每週平均收入所排序的職業團體等級，來估計男性的收入。而為了計算婦女的薪資所得潛能，他們使用特定年度與特定職業團體的每週薪資所得。對於當下未被僱用的婦女，則使用他最後一個工作職業；如果沒有當下或最近的職業，則使用與其相同教育水準的受僱婦女之平均收入來指涉該婦女的薪資所得潛能。[8] 除了以上策略，萊波維茲、克勒曼（1995）的論文亦發展出一個使用男性及女性群組資料的研究策略，讓研究者可以應用同一個線性模型做估計。利用勞動市場的區域差異和個人特質兩者來預測收入，他們也認為，這些估計值幾乎獨立於特定婦女對休閒、工作或養育子女等偏好（Leibowitz and Klerman, 1995; cf., Karoly and Klerman, 1994）。

為採用萊波維茲、克勒曼（1995）的研究策略來計算丈夫與已婚婦女的薪資所得潛能，作者使用另一組全國資料來估計薪資所得潛能的整合線性模型。此一模型是結合1964到1995年3月份的「人口現況調查」（CPS）資料，以及

---

7 他們並不強調這一事實。不過萊波維茲、克勒曼（1995）的圖表顯示，如果控制年度與生產後的月份數之交互項目為0，育嬰期的已婚婦女就業水準的變化會少了許多。

8 凱恩（1966）與偉特（1976）都沒有解釋為何他們對男性與婦女運用不同的研究策略。對本書來說，沒有將妻子的薪資所得潛能以常用的個人層級的線性模型中估計，主要的原因是有許多婦女並未參與勞動力。

1950 年的人口普查（PUMS）資料所建立。[9] 在每一個區域的勞動市場中，本研究以同一年齡、同一教育程度來界定次人口群體，並計算出每一個性別及種族團體的平均（取自然對數之後）薪資所得。下列研究策略是按照萊波維茲、克勒曼（1995）所提出的作法：以大約 10 年為一級距，分出三個年齡群體（16-24, 25-34, 35-45），並將教育程度分為低於高中畢業、高中畢業、大學肄業或專科畢（或肄）業，以及大學畢業。迴歸模型包含每一州以每一調查年所得的線性時間趨勢（含截距與斜率）、年齡群體、教育程度群體與資料來源。為了捕捉市場的非線性變異，研究加入每州每年每一個大型產業團體（以職業編碼的首位數區分）的就業比例變項。在最後的迴歸模型中，也按照萊波維茲、克勒曼（1995）的策略，除了加入製造業和零售業的就業比例變項來預測白人的薪資所得，另外還加入整體就業成長率變項來預測黑人的薪資所得。

3. 初婚年齡與當下年齡

1960 到 1990 年，美國婦女的初婚年齡提高（Bianchi and Spain, 1986; Cherlin, 1992: 8-10; Espenshade, 1985; Oppenheimer, 1994; Rodgers and Thornton, 1985; Sweet and Bumpass, 1987）。[10] 歐本海默、布勞費爾德與沃克洛（Oppenheimer, Blossfeld, and Wackerow, 1995）發現，我們無法單以受教育年數增加解釋婚姻延遲的趨勢。儘管受教育年數增加的確伴隨在這一趨勢當中，不過婚姻延遲仍可能與夫妻的職涯規劃緊密相關。歐本海默（1988, 1994）認為，職業導向的男性及女性難以找到一個可接受的、志趣相投的伴侶，導致了婚姻的延遲與不穩定。為考慮丈夫和妻子雙方的職涯規劃，初婚年齡與找到一個可接受伴侶所需的時間相關。對於工作有較強眷戀感並尋求職業生涯與家庭

9　1964 到 1988 年的資料擷取由 Robert D. Mare 及 Christopher Winship 所主持而建立的統一格式系列的 3 月份 CPS 檔案，它由國家科學基金會所補助。不過如果我們比較原始的 3 月份 CPS 資料中的變項，這一系列中 1964 到 1967 年的個人收入變項並不正確。在本研究中，使用原始的 3 月份 CPS 資料修正了這一系列 3 月份 CPS 檔案中 1964 到 1967 年的錯誤。藉由 1964 到 1995 年的資料作為估計丈夫與母親薪資所得潛能的參數。

10　雖然同居關係的延遲不如婚姻延遲那麼明顯（Bumpass et al., 1991; Cherlin, 1992: 13），先前的研究認為，同居人的社會行為與婚姻中的夫妻並不相同（Rinfuss and VandenHeuvel, 1990）。這部分需要更多的研究來討論婚姻與同居的伴侶在就業模式上的差異。

間能有較高協調性的婦女，他們更可能會保持單身久一點。也就是說，歐本海默（1988, 1994）的婚姻理論意味著，婚姻年齡的延遲應該與已婚婦女的就業率成正相關。

如果情況是如此，那麼近來初婚年齡的延遲，應該會加強育嬰期已婚婦女的就業趨勢。不過，歐本海默等人最新的研究卻發現，男性職業的穩定度與男性結婚的可能性呈正相關；而對於婦女來說，他們在調查參考年工作與否，比他們的職業是否穩定還重要（Oppenheimer and Lew, 1995; Oppenheimer, Kalmijn, and Lim, 1997; Oppenheimer and Lewin, 1997）。如果這些新的經驗結果隱含了對歐本海默（1988）婚姻延遲原始理論的修正，那麼，婦女的結婚年齡將不必然與他們的產後就業率呈正相關。[11]

為了在就業率上區分婦女初婚年齡的效果，以及丈夫或已婚婦女的年齡效果，作者將控制育嬰期已婚女性於調查時的年齡。在其他條件不變的情況下，母親的當下年齡應該與工作經驗呈正相關，並與已婚婦女投入勞動市場的可能性呈正相關（Duleep and Sanders, 1994; Nakamura and Nakamura, 1992, 1994）。[12] 此外，先前的研究也認為，丈夫的年齡為生命週期階段的指標，家庭在不同階段中得面對不同的財務需求（Oppenheimer, 1974, 1982）。最後，觀察時間與丈夫或母親年齡的交互作用項，也捕捉到與勞動力參與相關的生命歷程或工作偏好的世代差異。

先前研究對於初婚年齡與育嬰期女性就業的關聯性並沒有定論。格林斯坦（Greenstein, 1986）對全國年輕婦女勞動市場經驗追蹤調查（National Longitudinal Surveys of Labor Market Experience of Young Women, NLSY Women）進行變異數分析，他發現，不管是已婚婦女於調查時的年齡還是其初婚年齡，在解釋已婚婦女的就業決定上都未達統計顯著性。然而，以相同

---

11 此處所說「隱含」是因為相較於發展或修正他自己理論上，歐本海默更著重於拒絕從涂爾幹（1983）、派森思（1949）、貝克（1991）以降地婚姻「專業化與交換模型」或「獨立假設」（Oppenheimer, 1997a; Oppenheimer and Lew, 1995; Oppenheimer, Kalmijn, and Lim, 1997; Oppenheimer and Lewin, 1997）。

12 使用普查資料無法精確地控制先前的工作經驗。此議題將在稍後做更多的討論。

資料進行事件史分析，格林斯坦（1989）指出，初婚年齡確實與已婚婦女在第一胎和第二胎生產期間的就業決定有正相關。可惜的是，此分析並沒有像他先前的論文（Greenstein, 1986）一樣控制母親的當下年齡。此外，格林斯坦（1986, 1989）不僅將論文的研究對象限制在第一次生產的母親，同時他也排除了在 NLSY Women 的資料中曾經離過婚的婦女。這可能導致在檢驗女性就業結果時，低估子女經驗這一因素的效果，因為婚姻延遲以及再婚生育皆隨時間增加。

　　藉由控制婦女的當下年齡，重新檢驗婦女初婚年齡對其產後就業率的效果。藉此，便可以檢驗從歐本海默（1988, 1994）的婚姻理論所推衍出的主題：婚姻延遲與婦女努力維持其職業生涯，並找到彼此職業生涯相襯的配偶相關。也就是說，在其他條件不變的情況下，婦女初婚年齡應該與其婚後就業率呈正相關，並且也同樣適用於育嬰期的已婚婦女。

　　在本書多處的多變項分析中，年齡被建構為連續變項。為了使作者的經驗結果能與早期的相同議題研究比較，使用年齡的平方來控制當下年齡與女性就業率之間的非線性關聯。由於 1990 年的 PUMS 沒有母親的初婚年齡資訊，因此歐本海默的延遲婚姻理論只能運用 1960、1970 及 1980 年的 PUMS 資料進行檢驗。

4. 子女數與工作經驗

　　過去的研究指出，婦女勞動力參與隨時間的增加與生育子女數的減少緊密相關（Leibowitz and Klerman, 1995; Smith and Ward, 1985）。此外，過去研究也發現，子女數與最小子女的年齡都會減少婦女的勞動力參與（例如：Cain, 1966; Leibowitz, 1975; Leibowitz and Klerman, 1995; Sweet, 1970, 1972; Sweet and Lowe, 1974; Waite, 1976）。看起來，對於就業婦女來說，越多的孩子會轉換成越高的成本。

　　先前的研究記錄了子女對女性就業的負向效果變化，但結論並不一致。整體來說，偉特（1976）發現，家裡育有幼兒造成的負向效果在 1940 到 1960 年間有所減弱；但艾赭賓（Eggebeen, 1988）發現，自 1960 到 1980 年，對不到 6

歲的子女來說，其未滿 6 歲的兄弟姊妹的年齡與人數對女性就業率的負向效果逐漸擴大。更晚近的研究指出，如果控制母親前一年的工作經驗，我們會發現一個正負號相反或不存在的子女效果（Duleep and Sanders, 1994; Nakamura and Nakamura, 1992, 1994）。

　　針對婦女勞動供給的研究認為，若納入母親先前的工作經驗，可以調整因忽略那些重要卻未被觀察到的預測指標（如工作偏好）所造成的潛在偏誤，既可以增進婦女勞動供給模型的預測效力，且能夠改變子女對母親勞動力參與的淨效果（Duleep and Sanders, 1994; Nakamura and Nakamura 1985a, 1985b, 1992, 1994）。然而，當控制前一年的工作狀況，先前的研究卻對母親勞動力參與的子女淨效果提出了不一致的經驗證據。使用 1980 年 PUMS 5% 的資料，德利普與桑德斯（Duleep and Sanders, 1994）發現，如果控制住婦女在 1979 年的工作經驗，子女的數量不會造成任何差異。然而，中村夫婦（Nakamura and Nakamura, 1992, 1994）使用 1970 及 1980 年代加拿大與美國的普查資料後指出，如果控制住母親前一年的工作經驗，子女的數量與調查前參考週的女性工作狀況呈正相關。

　　依據舒茲（Schultz , 1978）的理論，中村夫婦（1985a, 1985b, 1992, 1994）與德利普、桑德斯（1994）相信，生育子女與外出工作的決定皆與工作偏好相關。中村夫婦（1994）也相信，子女狀況與女性工作之間的淨正向相關，取決於家庭的經濟需求。[13] 德利普、桑德斯（1994）假定，不同的移民群體有不同的工作偏好，而對育有未滿 1 歲嬰兒的婦女來說，其就業差異是以子女數為條件。德利普、桑德斯（1994）發現，當控制住母親前一年的工作經驗，不同移民群體在女性就業上的差異便消失了。若包含所有育有子女的婦女，中村夫婦（1994）的分析則發現，一旦控制母親前一年的工作經驗，子女狀況與女性就業便呈現淨正相關。在比較為何育有兩個或兩個以上孩子的婦女的就業率比僅育有一個子女的婦女高時，他們寫到：「造成這情況發生的一種可能是，假如

13　中村夫婦（Nakamura and Nakamura, 1994）及德利普與桑德斯（Duleep and Sanders, 1994）使用「子女狀況」來指涉一個家庭中兒童的數量與年齡。

育有兩個或兩個以上子女（因此，在前一年即育有一個或一個以上的子女）的已婚婦女在前一年已經在工作，則代表他們擁有較強的工作偏好或更需要工作收入」（Nakamura and Nakamura, 1994: 324）。

藉由將先前的工作經驗納入此模型，並檢驗子女狀況的效果變化，我便可檢驗最近育嬰期已婚婦女的就業率增加，是否僅僅是婦女產前工作經驗增加的結果。近期的研究提出，美國婦女生命歷程的 M 型工作型態分配已轉變為高原分配，也就是婦女在建立家庭、生產與養育子女的階段都持續地工作（Hill and O'Neill, 1992; Shaw, 1994; Shapiro and Mott, 1994）。所以對這些育嬰期已婚婦女們而言，產前工作經驗在解釋其勞動力參與的變化上，很可能已凌駕其他所有的解釋。

除了育有3個月以下兒童的婦女外，1960、1970 及 1980 年的人口普查資料並沒有提供育嬰期已婚婦女的產前就業經驗資訊。[14] 在第五章，為了再次檢驗子女狀況對女性就業的效果，將使用 1960、1970 及 1980 年 PUMS 中，育有3個月以下兒童的已婚婦女的產前就業資料。

作者以虛擬變項將已婚婦女最近一次生產前一年的工作經驗、曾生育的子女人數，及家中學齡前兒童數量加以編碼。首先，在最近一次生產前一年若有在工作，其編碼為1，無工作經驗則編碼為0。第二，擁有三個或以上的子女編碼為1，否則編碼為0。最後，家中其他學齡前兒童（不滿6歲）的數量所指的是，家中擁有其他學齡前兒童的「成本」及夫妻的生育間隔。如果家中的學齡前兒童超過兩個，我便將「學齡前兒童」此虛擬變項編碼為1，否則編碼為0。

5. 社會規範的參照

育嬰期已婚婦女的就業率變化也可能與社會規範的變化有關。戴維斯（Davis, 1984）主張，近來婦女勞動力參與的趨勢為社會長期變動的一部分，

---

[14] 在 1970 與 1980 年的 PUMS 資料中有五年前的工作狀況。不過，德利普、桑德斯（1994）發現，如果控制前一年的工作經驗，那麼五年前的工作經驗並不會改變子女狀況的結論。

此社會變動不只是受到需求面的「機會」變化所驅動，同時也受到人們如何計算就業得失的心理社會成本與利益變化所驅動。邦博斯（1990）主張：「我們持有的強勢文化價值」是為何在所有婦女當中，幼兒母親的勞動力參與最後才增加的原因。不過，他也主張「儘管我們相信幼兒母親就業（可能）是有害的」，其就業率還是增加了。初步的證據顯示，態度變化在育兒期的就業婦女中最為明顯（Bumpass, 1982）。當為人父母與就業產生了衝突，邦博斯（1990）指出：「我們所考慮的優先順序會透過我們的行為展現出來」。

如參考團體理論主張，如果我們的社會行為與我們所處的社會團體的行為模式一致（Merton, 1957: chapter 8; Ross and Nisbett, 1991; Singer, 1981; cf.: Asch, 1940, 1955; Serif, 1937; Newcomb, 1943），那麼，在其他條件不變之下，我們社會行為的「優先順序」在同一個參考團體之中的相似度，可能比在不同參考團體之間更高。從另一角度來看，法國社會學家布爾迪厄（Pierre Bourdieu, 1972, 1977, 1990a: chapter 3, 1990b: chapter 3,）認為，在一特定場域中，社會實踐「策略」的變化與再生產不僅受制於「外在立即的表現」，它們也可能在社會團體中被模式化。布爾迪厄稱這些社會性模式的形塑與轉型為「慣習」（habitus）。假如育嬰期已婚婦女的就業模式變化受制於其參考團體的社會規範，那麼在其他條件不變之下，如果婦女的參考團體中有較多婦女待在或進入勞動市場，則這些婦女也比較可能這樣做。

歐本海默（1982）應用參考團體理論來估計丈夫職業團體中，相對的預期收入如何決定已婚婦女的勞動力參與。該篇研究所提供的洞見與經驗證據讓我們注意到丈夫的職業團體對已婚婦女來說，可能是重要的參考團體。歐本海默（1982）以丈夫的職業團體界定參考團體的研究策略，也提醒我們涂爾幹（Durkheim）在更早之前的洞見。涂爾幹（1951: 378-392, 1956, 1983, 1984: xxxi-lix; Lukes, 1973）認為，職業團體在當代社會中已成為建立社會凝聚力、道德，及個人認同最重要的社會團體之一。[15] 不過，在既定的男性職業團體

---

[15] 涂爾幹並沒有討論丈夫的職業團體對於妻子的影響。不過，歐本海默在強調家庭經濟資源中的「相對剝奪」之同時，也提出並確認此影響的存在及其重要性。

中，他們的妻子可能不只比較先生的「預期收入」，同時也拿他們自己的行為
與「其他已婚婦女的行為」比較。正是這樣的社會行為模式，而非參考團體中
其他成員的經濟資源，才是參考團體理論或布爾迪厄「慣習」理論的核心。[16]
因此，我藉由強調不同社會團體的社會行為模式，以操作化「參考社會規範」
這個變項。在此，「參考社會規範」被定義為：在一參考團體內擁有相同社會
角色的人們之行為模式。

　　艾克斯羅德（Axelrod, 1986）及馬傑斯基（Majeski, 1990）藉由界定社會
團體中特定社會行動模式的發生頻率，提供我們適當的研究策略來操作化參
考團體中的社會規範。為了連結社會行動與社會規範，艾列斯羅德說道：「一
個特定類型的行動是否屬於社會規範的範圍，取決於此行動多常發生」（1986:
1097；參考 Majeski, 1990）。馬傑斯基在他對寇門（1990）的評論中引用了艾
列斯羅德對於社會規範的定義，他認為，未遵循任何既存社會規範的個別行動
也可能發生，而這正是社會行為規範產生或改變的方法之一：

> 當社會團體中其他成員所應用的某個規則被認為是符合先前的應用而
> 被正當化時，或者，當此應用被個人判定為符合作為團體成員所被期
> 待和／或被認定為適當的行為時，那麼，此個別的規則便成為社會規
> 範。（Majeski, 1990: 276）

　　儘管艾克斯羅德（1986）及馬傑斯基（1990）並未參照布爾迪厄或參考團
體理論，但他們對社會規範的定義仍有助於我們操作化「慣習」及「參考社會
規範」理論所提出的社會規範。要遵循艾列斯羅德及馬傑斯基的研究策略，歐
本海默早期的洞見（1982）對「參考社會規範」的操作型定義來說便相當重
要。如上所述，他指出了丈夫的職業團體是建構美國夫妻社交生活的最重要社
會團體之一，但如果對「社會團體」沒有一個妥當的定義，我們就無法應用艾
克斯羅德及馬傑斯基提出的研究策略。

---

[16] 我用先前所討論有關已婚婦女及其丈夫的薪資所得潛能的變項，來控制家庭中的經濟資源。

　　綜合上述關注社會規範的早期文獻，本書提出非育嬰期階段的已婚婦女在就業比例上的劇烈增加，乃是育嬰期已婚婦女就業擴張的主要影響因素之一。[17] 換句話說，研究針對歐本海默（1982）的原始設計做出以下修正：不使用丈夫職業團體的預期收入，轉而計算該婦女丈夫所在的職業團體中，所有已婚男子的妻子被僱用的比例。研究並沒有企圖宣稱丈夫的職業團體是唯一可能建立「參考社會規範」的社會團體類型，[18] 它最多只是一個很有用的指標，讓我們能夠去檢驗社會規範與育嬰期已婚婦女進入市場工作的可能性之間的關聯。

　　本書將謹慎地把那些由社會團體先前社會行動的發生頻率所界定的社會規範，與受訪者在產後自己要投入工作的決定區分開來。為了避免把本研究關注的樣本與處於類似生命歷程階段的其他婦女的就業行為相重疊，研究中將育有6到17歲子女的已婚婦女定義為「育有未成年子女的已婚婦女」。[19] 此外，以前一期的普查對規範的估計作為「參考社會規範」的測量指標。[20] 這兩個研究策略皆與艾克斯羅德（1986）及馬傑斯基（1990）的社會行為規範定義相一致。我用「在丈夫職業團體中，其他已婚男性的妻子在結束生育階段後，多常於勞動市場工作」來界定「已婚婦女在產後是否應該／可以工作」的參考社會規範。[21]

17　作者假定（並將在第五章證明）即使控制了個人產前的工作經驗，此主張仍是有效的。

18　為了檢驗社會團體中，行為規範對於就業變遷的效果是否只是我在建構此行為規範疇方式所造成的假效果，本研究也試著用其他方式定義參考團體，諸如：在受訪者居住的州裡育有未成年子女的妻子、其丈夫職業團體中的婦女，在某一既定狀況下的婦女。所有這些團體中社會規範都使用如同我最終分析中所使用的參考團體之方式建構。不過，歐本海默的研究策略是最好的一個。育嬰期的已婚婦女就業率的變化並未與其他類型的團體就業模式有太大的關聯。其他社會規範指標的弱效果也說明，我最終分析所運用的社會規範指標之效果並不是來自建構變項方式所產生的虛假效果。

19　藉由這個定義，如在第一章及第三章中所討論的，我期待能測量婦女在工作的雙峰年齡分配中，接近或處於該生命歷程中右側高峰時的行為模式。透過納入個人工作經驗，在第五章中已經清楚地檢驗了左側高峰的效果。

20　為了讓前期普查中的職業團體能與後期的分類相對應，將以1970年的分類為基礎，跨年度標準化這些職業團體。多變項分析的結果發現不論使用不延滯、延滯一年或延滯十年的測量，其結果皆相仿。

21　本研究使用育有未成年子女但家戶中沒有學齡前子女的婦女作為建構社會規範指標的樣本範圍。

　　為了讓每個測量都可進行跨時間的比較，並且能夠有效地分析個人層級的模型，我將四個普查年的資訊合併並計算其四分位數。為了避免把丈夫職業的社經特性與這些職業中「參考社會規範」的效果混淆，也納入鄧肯社會經濟指標（Duncan Social Economic Index, SEI），以控制社經地位對已婚婦女就業率的影響效果。[22] 不過，我最後還是把此變項從模型中剔除，因為在我關注的任一模型中，並沒有發現丈夫的社經地位對於已婚婦女的就業有任何統計上的顯著效果。為了讓丈夫的社經地位與歐本海默的職業團體分類可跨年度地比較，1960、1980 及 1990 年的男性職業團體都以 1970 年的職業系統標準化。

6. 種族

　　黑人與非西班牙裔白人已婚婦女的勞動力參與率，以及產後進入／再進入勞動市場的機率差異一直都有妥善的記錄。黑人婦女一般來說勞動力參與率較高，而且在產後快速進入／再進入勞動市場的機率也比較高（Cain, 1966; Bell, 1974; Bumpass and Sweet, 1980; Greenstein, 1989）。

　　不過，近期的研究在檢視這兩個群體間勞動力參與率差異的變化時，呈現某些混雜的結果。萊勒（Lehrer, 1992）發現，種族效果在高教育程度的人口群體中消失了。尹與偉特（Yoon and Waite, 1994）運用美國「全國青年追蹤調查」（NLSY）資料的近期研究發現，黑人與非西班牙裔白人在產後重返勞動市場上的種族差異於 1979 年後已達趨同。運用 6 月份的「人口現況調查」（CPS）資料，萊波維茲、克勒曼與偉特（Leibowitz, Klerman, and Waite, 1994）也發現種族差異的趨同現象。甚至有其他研究主張，黑人與非西班牙裔白人之間，在婦女產後重返勞動市場的速度上並沒有差別（Desai and Waite, 1991; Leibowitz, Klerman, and Waite, 1992）。利用大規模樣本的優勢，本書提供了一個重新檢驗上述現象的機會，以追查在育嬰期已婚婦女勞動力參與持續擴張的情形下，這些婦女中種族的差異是否有趨同或甚至消失的現象。

---

22 這指出在模型中已經適當地控制收入與教育程度，使丈夫的職業聲望不再是重要的議題。但這並不牴觸豪澤與華倫對 SEI 的批判（Hauser and Warren, 1996），他們的結論提出「職業教育的水準似乎定義了跨世代以及同世代之內職業持續性的主要面向」。

　　萊波維茲、克勒曼（1995）也提出，雖然育嬰期的已婚西班牙裔婦女比非西班牙裔白人婦女更可能「正在工作」（無論工時長短），但這個差異已經減少。雖然黑人與非西班牙裔白人之間的變化更被期待，本書也將西班牙裔婦女從其他種族團體中區分出來。

7. 幼兒托育

　　先前對於婦女勞動力參與的研究指出，區域勞動市場中的幼兒托育供給（Stolzenberg and Waite, 1984）及其價格（Blau and Robins, 1988, 1989; Connelly, 1992; Michalopoulos, Robins and Garfinkel, 1992; Ribar, 1992）影響婦女勞動力參與的程度。[23] 雖然有研究指出幼兒托育供給的增加與近來婦女勞動供給的增加有正向的關聯（例如 Walker, 1991），但目前並沒有適切的研究可以提供直接的估計值，以檢驗在1960到1990年之間，育嬰期已婚婦女的就業率與幼兒托育供給的關係是如何變化的。[24]

　　為了填補這一空缺，本書依照史都森伯格與偉特（Stolzenberg and Waite, 1984）所提出的研究策略，運用 PUMS 樣本的職業編碼來估計幼兒托育工作者的供給量。延伸他們對1980年幼兒托育供給的估計值，將估計幼兒托育工作者的供給變化，以及此變化與育嬰期已婚婦女在1960至1990年間的就業率之間的關聯。前期普查資訊顯示，十年前每一州的幼兒托育供給都已延滯。為了進行跨年度的比較，本研究把那些用來界定每年幼兒托育工作者人數的分類

23　然而，葛拉斯與艾斯提斯（Glass and Estes, 1996）的一份研究指出，幼兒托育問題並不直接影響離職的意願。此外，也可能是婦女勞動力參與的擴張提高了對幼兒托育的需求，進而導致此類照顧供給的增加。為了彰顯在育有學齡前兒童的就業母親其潛在幼兒托育需求的變化下，所對應的相對幼兒托育供給的變化，我的描述性分析將會描述對照各州職業母親學齡前子女的數量，相對的幼兒托育勞動力規模。

24　要估計長期的幼兒托育供給或幼兒托育成本之變化是很困難的。既有關注幼兒托育供給（例如 Hofferth and Phillips, 1987）或幼兒托育成本之變化（Blau and Robins, 1988, 1989; Connelly, 1992; Michalopoulos, Robins, and Garfinkel, 1992; Ribar, 1992; cf., Walker, 1991）的資訊相當有限，且也無法運用於本研究中。因為我們所需要的是在1960到1990年之間幼兒托育供給的變化資訊。有關近期試圖克服估計各幼兒托育安排所需花費的困難之文獻，請參考霍弗斯與菲利普（Hofferth and Phillips, 1987）及沃克（Walker, 1991, 1992）。

與加權數都加以標準化。將原始職業編碼標準化的方法表列於附錄2-1。[25]

8. 認知上對於子女的負面影響

　　既有研究已相當完整地記錄了，不管是男性或女性，人們對學齡前兒童母親就業的負面態度，以及反對已婚婦女參與勞動市場的性別角色態度，在過去數十年已明顯地降低（Mason, Czajka, and Arber, 1976; Mason and Lu, 1988; Thornton, 1989; Thornton, Alwin, and Camburn, 1983; Thornton, and Freedman, 1979）。一些早期研究也調查了已婚婦女的態度轉變與這些婦女的勞動力參與變化之間可能的因果關係（例如 Dowdall, 1974; Greenstein, 1986, 1989; Molm, 1978; Thornton, Alwin and Camburn, 1983; Waite and Stolzenberg 1976）。儘管早期研究並沒有涵蓋已婚婦女對「母親就業對學齡前兒童的影響」的態度，一些研究已指出，對母親就業影響的認知是性別角色態度中一個重要且獨特的面向（Mason and Bumpass, 1975; Evans and Mason, 1995），但這些研究都沒有直接解釋婦女性別角色態度的轉變如何影響育嬰期已婚婦女近期的就業趨勢。

　　許多早期研究強調已婚婦女的就業經驗會影響其態度轉變（Bumpass, 1982, 1990; Molm, 1978; Oppenheimer, 1970, 1982; Spitze and Waite, 1981），不過也有相當多的研究認為婦女的態度可能是他們就業行為的決定性因素。以羅德島的白人婦女作為區域樣本，道達（Dowdall, 1974）指出，這些婦女贊同工作的程度對他們自身的就業率有很強的效果。摩姆（Molm, 1978）從1955年自高中生中抽出的全國樣本裡，擷取了於1970年進行追蹤調查的已婚婦女次樣本，以挑戰前述結論。他推估了一個「非遞迴模型」（non-recursive model）以檢驗已婚婦女的就業狀況對於「贊成受限制的婦女角色之態度」的效果，以

---

[25] 過去的研究已經提出，家中有祖母與婦女產後就業率呈正相關（Klerman and Leibowitz, 1994）。另外對新母親來說，他們比較喜歡由親戚提供幼兒托育（Leibowitz et al., 1988; Mason and Kuhlthau, 1989; Klerman and Leibowitz, 1990; Kuhlthau and Mason, 1996）。不過，在一個初步分析中，我發現新母親與其孩子的祖母同住的比例相當低（約5%），而且此比例並沒有隨時間產生太大的變化。然而，未來的普查資料或許可以用來測量親屬關係網絡如何幫助新母親，解決他們不在家時嬰兒的照顧問題。

及此態度對這些婦女就業狀況的效果。[26] 儘管摩姆認為行為對於態度的效果大
過態度對於行為的效果，但這些結果並沒有達到統計顯著性。另一個關於此議
題的早期研究則是偉特與史都森伯格於1976年的研究。他們使用全國年輕婦
女的勞動市場經驗之追蹤調查（NLSY-Women），資料發現婦女對已婚婦女工
作狀況的態度對其自身就業狀況的效果為正。可惜的是，包含道達（1974）、
摩姆（1978）及偉特與史都森伯格（Waite and Stolzenber, 1976）的這些早期研
究都有所限制，因為他們將二元內生變項（例如：就業狀況這一虛擬變項）當
作「連續的」。

　　索頓、亞文與坎伯恩（Thornton, Alwin, and Camburn, 1983）及格林斯坦
（Greenstein, 1986, 1989）等晚近研究已改進了這個問題。索頓等（1983）運用
底特律都會區育有子女的婦女所構成的樣本，提出育有子女的婦女花在勞動市
場的時間總量，會正向地影響其態度；同樣的，訪談時正在工作對婦女的態度
也具有正向效果（Thornton et al., 1983）。格林斯坦（1986, 1989）使用一全國
性樣本，研究個人對於已婚婦女參與勞動市場的態度的影響效果，並確認了對
育有子女的已婚婦女來說，他們對勞動力參與的態度與其勞動決定有重要的
關係。這些結果都促使我們對「母親就業對學齡前兒童有負面影響的態度轉
變」，與「育嬰期已婚婦女的勞動力參與變化」兩者之間的關係做進一步的調
查。

　　為了研究性別角色態度的轉變與母親近來的就業趨勢之間的關係，作者
將使用 NFS 與 NSFH 這兩個全國性的調查資料，因為它們提供了最新的資
料。本書著重於一個特定問項：「如果母親就業，將對學齡前兒童有負面影
響」（或稱 PCWS），因為這是這兩個資料中唯一可比較的項目。梅森與邦博
斯（Mason and Bumpass, 1975）認為，此項目是性別角色態度的核心之一。伊
文斯與梅森（Evans and Mason, 1995）以澳洲資料所做的分析進一步指出，此
項目及其他指涉婦女就業會「影響」子女或丈夫的項目，皆與指涉婦女工作之

---

26 在摩姆（1978）的論文中用以建構「贊成受限制的婦女角色之態度」的項目，無法直接與道達
　　（1974）用以建構「工作認可分數」的項目一同比較。

「正當性」的項目不同。上述討論「婦女工作的態度」及婦女勞動力參與二者間因果關係的文獻，都沒有含括這一重要項目；而使用 NFS 和 NSFH 資料中的樣本，使本研究能夠去檢驗「母親就業有負面影響」的態度轉變，是否對於育嬰期已婚婦女近來勞動力參與的趨勢有正面貢獻。

美國社會概況調查（General Social Survey, GSS）是另一個包含了這一項目並能夠代表成年婦女的全國性資料。可惜的是，因為此資料沒有提供受訪者家中是否有未滿1歲嬰兒的資訊，所以無法使用 GSS 的資料來探討本書所關注的議題。然而，GSS 資料中關於「母親就業將對學齡前兒童有負面影響」的項目仍然可用於描繪過去20年間態度轉變的趨勢。

9. 完成預期生育數的家庭生命週期效果

應用家庭生命週期理論，偉特（1980）證實，處於「家庭完成階段」（也就是夫妻已達成其所預期的子女數的階段）的已婚婦女有較高的機率為了滿足家庭的經濟需要而工作。然而，我們仍不清楚偉特（1980）的發現是否也適用於育嬰期已婚婦女。此外，我們需要更多的經驗證據來檢驗，家庭生命週期效果是否（以及如何）對育嬰期已婚婦女近期勞動力參與的變化產生作用。

「家庭生命週期」（family life-cycle）的概念是由格里克（Glick, 1947）所發展出來，用以描述一個家庭生命中幾個不同特性的階段。[27] 這一概念之後被詳盡地闡明（例如 Cain, 1964; Collver, 1963; Duvall, 1970; Glick, Heer, and Beresford, 1963; Glick and Parke, 1969; Norton, 1983）並擴展於解釋婦女的勞動力參與（例如 Cain, 1966; Bowen and Finegan, 1969; Sweet, 1968; Oppenheimer, 1974, 1982; Waite, 1980），以及其他社會現象（參照 Lansing and Kish, 1957）。[28] 儘管一些研究者仍對家庭生命週期效果的解釋力存疑（Nock, 1979;

---

[27] 有關「生命週期」的系譜學包含格里克（1947）之前各種社會學及心理學的傳統，請參照馬德薩茲與希爾（Mattessich and Hill, 1987）。作者根據偉特（1980）的回顧，他把格里克（1947）視為這一理論架構近來的社會學源頭。使用舊詞彙「生命週期」而不用「生命歷程」是由於生育乃是夫妻共同的決定，且它仍然是美國大多數由已婚夫妻所建立的家庭所需經歷的階段之一。

[28] 幾個應用家庭生命週期理論的領域之例子包含時間分配、消費、社經成就（Ben-Porath, 1967; Cohen and Stafford, 1974; Hanson, 1983; Heckman, 1976; Lansing and Morgan, 1955）、關於決定遷移的偏好

Spanier, Sauer, and Larzelere, 1979; cf. Mattessich and Hill, 1987），但已有許多研究證實子女的數量和年齡與已婚婦女是否從事有酬工作緊密相關（Cain, 1966; Bowen and Finegan, 1969; Oppenheimer, 1974, 1982; Sweet, 1968）。為了蒐集更多關於家庭生命週期階段與已婚婦女從事有酬工作之傾向二者間關係的資訊，偉特（1980）進一步修正了與生育相關的家庭生命週期階段的區分方式：無子女階段、生育階段及家庭完成階段。

在本研究中，有兩個原因促使我們針對「家庭完成」對育嬰期已婚婦女就業率的影響進行進一步檢驗。首先，在偉特（1980: 277）發現處於家庭完成階段的婦女對於家庭經濟需求有更大的回應時，他主張：「在生完所有預期的子女後，妻子就業的成本仍然居高……但其收益卻可能增加」，不過他並沒有詳細說明這些「增加的收益」之來源。一個可能的「收益」或許來自於持續工作的可能性提高：已婚婦女比較可能在進入家庭完成階段後開始尋找工作或持續就業，因其職涯較不會因往後可能的生育而被迫中斷。可惜在偉特（1980）的研究中，處於家庭完成階段的婦女同時包含了育有學齡前兒童的已婚婦女，以及那些子女都已就學者。在此情況下，我們很難預測究竟進入家庭完成階段是否對育嬰期已婚婦女具有相同的效果。

其次，我們並不清楚家庭生命週期階段（例如家庭完成階段）的影響是否隨時間而改變，且這樣的改變是否與近來育嬰期已婚婦女的就業率增加有所關聯。欲說明育兒期母親就業率的顯著增加（Michael, 1985; Waldman, 1983），我們可能預期進入家庭完成階段與否對已婚婦女就業率的影響也已隨時間減弱了。最後，即使處於家庭完成階段所具有的效果很強，並且未在1960至1990年間有任何改變，預期子女數的變化仍然可能增加育嬰期已婚婦女的就業率：預期子女數的減少及處於家庭完成階段的正向效果，或許可以部分解釋近期婦女就業的擴張。

（Leslie and Richardson, 1961, Mcauley and Nutty, 1982, 1985）、婚姻品質（Anderson, Russell, Schumm, 1983; Schumm, Bugaighis, 1986; Swensen, Eskew, Kohlheep, 1981）、親屬關係（Tienda, 1980）及家務分工（Coltrane and Ishii-Kuntz, 1992; Rexroat and Shehan, 1987; Suitor, 1991）等。

　　為了更完善地理解育嬰期已婚婦女的勞動力參與趨勢，作者使用 NFS 和
NSFH 資料來檢驗家庭完成階段的效果。借用偉特（1980）對家庭完成階段的
定義，比較了育嬰期已婚婦女的預期子女數和家戶中的子女數目：如果該婦女
所陳述的預期生育子女數等於或小於家戶中的實際子女數，則可將其家庭生命
週期階段界定為家庭完成階段，反之則界定為生育階段。[29]

　　近期由湯姆森及其合作者（Thomson and Brandreth, 1995; Schaeffer and
Thomson, 1992）所做的研究指出了生育需求的多面向概念化，例如大小、確
定性及中心性。可惜在 NFS 和 NSFH 資料中，可供比較的關鍵資訊僅包含意
圖生育的子女「數量」。[30] 湯姆森（1997）也指出了丈夫與已婚婦女雙方意願的
重要性。在 NSFH 資料中，這一資訊是分別蒐集自丈夫和妻子；但在 NFS 資
料中，已婚婦女是夫妻意願的唯一資訊來源。所幸在本研究的多變項分析中，
NSFH 樣本內，在夫妻皆同意的情況下進入「家庭完成階段」的分析結果，與
NSFH 樣本中，僅由已婚婦女受訪者當下的意見所做出的結果，兩相比較下並
沒有發現任何顯著差異。

　　最後作者決定只使用 NSFH 中已婚婦女的意見，因為相較於以夫妻皆同
意來界定「家庭完成階段」，僅以已婚婦女的意見來界定此階段時，NSFH 資
料中認為已達「家庭完成階段」的婦女比例與 NFS 較為一致。因此，如果在
第一次訪談與第二次訪談之間，家戶中當下的子女數（包含最近出生的孩子）
等於或超過第一次訪談時該已婚婦女的預期子女數，這個家庭便被界定為「家
庭完成階段」。當然，很可能這兩個普查所得的資訊不足以完全捕捉夫妻對於
生育的意願的多面向特性，因此無法精確地追蹤家庭從生育階段到家庭完成階
段的生命週期路徑。將此限制納入考慮，對於使用 NFS 和 NSFH 資料所進行
的家庭生命週期效果的檢驗採取保留態度。

---

29 生育計畫的另一種測量是「欲求的子女數」，NFS 與 NSFH 二者皆包含此資訊。作者沒有使用「欲
　求」的子女數是因為先前的研究主張「意圖」比較接近於行為和結果，也因此是對未來行為比較好
　的測量（例 Thomson, 1997; Miller, 1992）。

30 在 NFS 及 NSFH 資料中有一些關於「確定性」的訊息，但它既不可跨 NFS 及 NSFH 資料的進行比
　較，對於在這 5 年間隔中，在第一胎之後的未來生育數之意圖也沒有用處。

第三章

研究婦女就業整體趨勢的新觀點

　　本章以時期、受訪者年齡、子女年齡及受訪者的婚姻狀況等變項描述婦女就業的整體增加趨勢。主要使用人口普查資料，以重複並探討眾所皆知的 M 型年齡型態。藉由重新檢驗 1940 到 1990 年間 M 型年齡型態的低谷，本書的分析指出，M 型年齡型態的低谷與育嬰期已婚婦女就業率變化之間具有明顯的關係。本章含括的時期比其他章節要長的原因有二：首先，它允許我們對開始於 1940 和 1950 年之間的 M 型年齡型態做出評估；更重要的是，檢視這跨越半個世紀的趨勢能夠為之後各章所提出的議題提供所需的歷史脈絡。

一、M型的年齡型態

　　許多研究證實，自第二次世界大戰以來，美國女性勞動力參與持續地增加（Bancroft, 1958; Durand, 1946, 1948; Goldin, 1990; Moen, 1992; Oppenheimer, 1970; Smith and Ward, 1984, 1985; Shank, 1988; Waite, 1981）。美國人口普查（PUMS）資料顯示，在 1940 年，少於四分之一（23%）的 16 到 65 歲婦女參與勞動市場；而 1980 年，同年齡層的婦女超過一半（53%）投入勞動市場，到了1990 年，這個數字增加到將近三分之二（62%）。

　　不只是婦女投入勞動市場的整體比例增加，其就業的年齡型態也有變化。在 20 世紀初，年輕婦女會持續工作直到結婚；但自第二次世界大戰開始，M 型雙峰分配的就業年齡型態便成了美國婦女的主要就業特徵（Oppenheimer, 1970; Shank, 1988; Goldin, 1990; Waite, 1981）。這一 M 型就業年齡型態一直持

續到戰後嬰兒潮（1946-1955）世代達到了工作年齡，然後一個新的型態產生：女性自甫成年後即形成高就業率，而此一高峰持續到邁入中年（Masnick and Bane, 1980; Shank, 1988; Smith and Ward, 1985; Waite, 1981）。

　　使用1940到1990年間每十年一度的人口普查資料，圖3.1重複並更新了先前研究所發現的年齡型態（參照 Oppenheimer, 1970; Smith and Ward, 1985; Waite, 1981）。[1] 當我們在圖中觀察到從1940到1990年，幾乎所有年齡團體的工作水準都持續增加時，我們也看到最早的增加是始於在1950年比較年輕和中年的一群，20到54歲的工作女性逐漸達到比之前更高的水準，但直到1980年，25到35歲婦女的勞動力參與才追上其他年齡層的增加趨勢。[2] 在1950與1970年之間，處於M型低谷的年齡層的就業比例，總是低於某些高峰年齡層在前十年或甚至更早期的就業比例。1980年之後，逐年的增加帶動了已婚婦女的就業比例。透過婚姻、生育及女性就業相關議題的討論內容，以下對於此趨勢的簡短討論將強調這一事實：育嬰期已婚婦女勞動力參與的延遲變化與圖3.1所顯示的年齡型態低谷緊密相關。

1　附錄3-3指出各個世代以年齡區分的就業率。不過，附錄3-3所指出的結果受限於以PUMS為基礎的十年間距觀察點。羅森菲爾德（Rosenfeld, 1996）和希爾與歐尼爾（Hill and O'Neill, 1992）以年齡群體說明了更多關於婦女工作模式其世代趨勢的細節。

2　在圖3.1中，從1940到1960年的估計可與歐本海默所提出的估計比較。在1940、1950及1960年的年齡群體就業模式與歐本海默（1970: 8-9）所發現的相同。

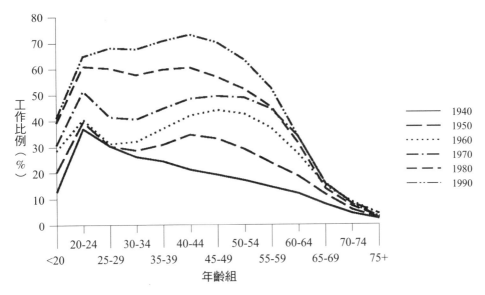

資料來源：參考附錄3-1以獲得製作本表的資料數值。
圖3.1：各年齡層女性的就業比例變化（1940-1990）

二、雙峰分配年齡型態的新面貌

　　已婚婦女的勞動力參與在1940到1990年這50年間大量增加，並已成為近來整體女性勞動力參與成長的最重要構成部分。直到1970年，已婚婦女的勞動力參與雖仍然是最低的，不過，已婚婦女與非已婚婦女之間的差異已逐漸消弭。1985年，勞動市場中已婚婦女的比例第一次達到所有婦女的參與比例（參照Moen, 1992）。

　　表3.1顯示，超過半世紀以來的美國，在所有婚姻狀況的婦女中，已婚婦女的勞動力參與增加是最為顯著的。1940到1990年間，在各種婚姻狀況的婦女中，已婚婦女與離婚婦女是唯二兩個勞動力參與持續成長的群體，其中又以已婚婦女的成長率較高。1990年，已婚婦女的勞動力參與比例比半世紀前（1940年）高出了3.9倍。同一時期，第二高的成長率來自於寡婦，其成長率僅超過1940年所觀察到的就業水準的50％。假定在這同一時期中，當下婚姻

狀態為已婚的婦女佔大多數，則表3.1顯示了近來女性勞動力參與的增加，背後主要的影響因素來自於已婚婦女的勞動力參與率大量提升。

表3.1：16至65歲處於不同婚姻狀況的婦女就業比例差異（1940-1990）

	1940	1950	1960	1970	1980	1990[1]
已婚	12.4	21.1	29.7	38.6	49.1	60.9
分居[2]	42.2	50.1	48.4	49.2	54.7	58.8
喪偶	31.0	40.1	47.6	51.2	46.0	47.0
離婚	54.2	66.9	69.7	70.2	72.1	74.9
未婚	45.0	55.2	52.2	50.1	57.6	62.4

資料來源：PUMS（1940, 1950, 1960, 1970, 1980, 1990）。
說明：[1] 西元1990的估計值是根據個人加權進行加權。
　　　[2] 丈夫不住在家的已婚婦女被視為分居狀態。

這一快速成長已經吸引了相當多的研究者試圖去解釋這一變化為何發生（Bancroft, 1958; Durand, 1946, 1948; Goldin, 1990; Hill and O'Neil, 1992; Moen, 1992; Oppenheimer, 1970; Smith and Ward, 1984, 1985; Shank, 1988; Waite, 1981）。不過，這些先前的研究並沒有清楚地找到在1940到1990年之間，造成M型年齡型態中的低谷的社會人口學原因。他們著重於世代變化的原因或是需求面因素的變化，但忽略了時期變化的原因及供給面因素的變化。[3] 歐本海默（1970, 1973）是少數的例外，但他並沒有預期育有學齡前兒童的已婚婦女的就業會有太多變化。

在圖3.2-2中我們可以看到，排除育有學齡前兒童的已婚婦女後，已婚婦女勞動力參與的變化恐怕無法解釋這一低谷。當圖3.2-3顯示M型模式並不發生在當時不處於已婚狀況的婦女，我們從圖3.2-1也觀察到，已婚婦女跨年齡層的雙峰工作型態，類似於圖3.1中所有婦女的工作模式。

3　既然世代經驗在婦女就業的變化是重要的，那麼，關注於世代經驗，我們可以忽略如圖3.1及圖3.2-1所描繪的時期年齡模式所呈現出的女性就業趨勢之「阻力」。在附錄3-3當中也可以看到，年齡模式的低谷並不必然反映了一個已婚婦女其職業的不連續，而是育有學齡前兒童的已婚婦女其就業率的緩慢增加。

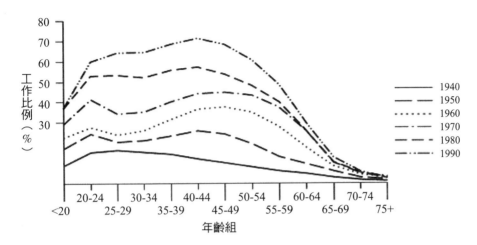

資料來源：參考附錄3-2 繪製。

圖3.2-1：各年齡層已婚婦女的就業比例差異（1940-1990）

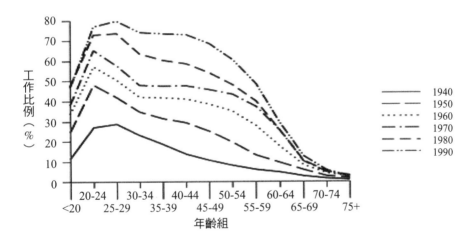

資料來源：參考附錄3-2 繪製。

圖3.2-2：沒有學齡前兒童的各年齡層已婚婦女的就業比例差異（1940-1990）

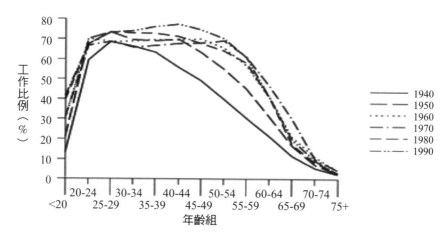

資料來源：參考附錄3-2繪製。

圖3.2-3：各年齡層未婚女性的就業比例差異（1940-1990）

　　如果我們比對圖3.2-1與3.2-2，不僅可以看到1950、1960及1970年女性M型就業年齡型態顯示出生育和「延遲就業」都有所變化，而且也可清楚地看出這兩個變化之間的關係。如圖3.2-2，當排除育有學齡前兒童的已婚婦女，我們在任何普查年中都看不到這一跨越年齡層的M型型態。此外，我們可以發現對所有年齡群體來說，沒有學齡前兒童的已婚婦女的勞動力參與率增加，自1940年以來便相當一致。同時，如圖3.2-3所示（在此我不區分是否處於育嬰期），M型型態並不適用於在人口普查當時不處於已婚狀況的婦女。也就是說，先前研究指出的美國婦女M型年齡型態，事實上乃源自於育有學齡前兒童的已婚婦女，其勞動力參與的水準較低且變化緩慢。[4]

　　在女性勞動力參與變化的研究中，歐本海默第一個察覺到各時期就業年齡型態的低谷與育嬰期已婚婦女就業的關聯（Oppenheimer, 1970）。不過，他誇大了育嬰期已婚婦女的就業率穩定度，並預測他們將因家庭責任感而有較低度卻穩定的勞動力參與率，此外，他也預期育嬰期已婚婦女不喜歡改變（Oppenheimer, 1973）。然而，圖3.2-1及圖3.2-2標誌的變化時間正也是歐本海

---

[4] 已婚與未婚婦女的差異可以被解釋為丈夫收入的存在與否。不過，在以下的幾個章節裡，作者將指出育嬰期的已婚婦女其就業模式的變化並無法以丈夫其薪資所得潛能的變化來加以解釋。

默（1973）發表其預測的同時。責任感可能延遲育有學齡前兒童的已婚婦女參與就業，但它卻非不變的。在我們提出一個更好的解釋及其政策上的意涵前，我們可以使用「子女年齡」來仔細檢查婦女就業型態近來的變化，這將會幫助我們從一個不同的觀點來進行回答。

　　近來的研究發現，在過去數十年裡，越來越多學齡前兒童的母親在生產後便非常快速地返回或投入勞動市場（Moen, 1992; Waldman, 1983）。根據沃德曼（Waldman, 1983）的說法，1970 到 1983 年間，子女年齡愈小，母親就業的比例產生愈大的變化。當我使用 PUMS 資料，並將沃德曼的發現擴展為 1940 至 1990 年，育有不同子女年齡的母親，其就業率變化的對比變得更加明顯：16 到 45 歲未生育的婦女其就業比例增加了 74%；同一時期，最小子女超過 5 歲的婦女約增加 3 倍；最小子女在 1 歲以上 5 歲以下的婦女，其比例增加是 1940 年水準的 6 倍。最令人訝異的是，育有任何一個未滿 1 歲嬰兒的婦女，其增加比例約為 1940 年的 10 倍。[5]

　　這一趨勢使研究者重新努力去解釋育兒期女性的就業（Klerman and Leibowitz, 1994）或更特定地針對育兒期的已婚婦女（Leibowitz and Klerman, 1995）。此趨勢也使嬰兒母親的托育選擇（Folk and Beller, 1993; Hofferth and Deich, 1994; Klerman and Leibowitz, 1990; Leibowitz, Klerman, and Waite, 1992; Leibowitz, Waite, and Witsberger, 1988），與有薪育嬰假更加被重視（Hofferth and Deich, 1994; Joesch, 1995; Klerman and Leibowitz, 1995）。不過，這些研究對於育嬰期已婚母親是就業上持續增加的唯一人口次群體這一事實，卻僅有粗略的了解。

　　圖 3.3 顯示 1940 到 1990 年間，婚姻狀況可比較的婦女中，在 16 到 45 歲育有未滿 1 歲嬰兒的婦女當中，已婚婦女是唯一在勞動力參與中持續增加並且最快速上升的人口次群體；其他婚姻狀況的婦女或者有著較平緩的趨勢，或者其參與程度屬於波動型態。1960 到 1990 年，育嬰期未婚母親的勞動力參與掉到比 1940 年普查中所觀察的水準還要低；分居或離婚婦女是唯一在勞動力參與上具有比較清楚增加趨勢的其他婚姻狀況團體，但其增加遠低於已婚婦女。

5　關於計算出 1940 到 1990 年這些成長率的數據，請參考附錄 3-4。

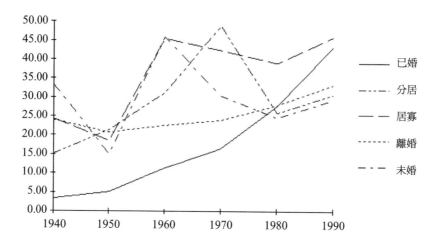

資料來源：參考附錄3-5繪製。

圖3.3：各婚姻狀態中16至45歲擁有小於1歲幼兒的女性就業比例差異（1940-1990）

　　已婚婦女的勞動力參與快速地持續增加，改變了他們在所有育嬰期婦女中的就業比例排序。如同圖3.3所示，在1990年，相較於其他曾有過婚姻的育嬰期婦女，16到45歲育有未滿1歲嬰兒的已婚婦女其勞動力參與率第一次達到歷年來最高，而在1970年之前，他們的勞動力參與是相對最低的。

三、結論

　　對女性勞動力參與趨勢的簡要回顧，凸顯出育嬰期已婚婦女是唯一持續增加的女性勞動力，他們填補了美國婦女持續數十年的 M 型年齡型態中的低谷。此外，在這一簡明的回顧中可看到，1940到1990年在所有育嬰期婦女中，已婚婦女是勞動市場中唯一持續並明顯增加的群體，而此一趨勢開始於1960年左右。一些早期研究錯誤地認為此變化不會發生，以上經驗證據推翻了這些預測，並促使我們重新去探究這一變化如何以及為何發生。

第四章

解釋趨勢——重複並整合過去的研究

　　在第三章中，作者描述了育嬰期已婚婦女在1960到1990年間勞動力參與率急遽攀升的現象，也顯示此變化與婦女就業從1950年的M型年齡型態到1990年左右的倒U型高原分配年齡型態的發展緊密相關。然而，僅有極少數的研究試圖對此變化提出適切的解釋，其中一個是萊波維茲、克勒曼（1995），但他們的論文卻留下了一個尚未解答的重要問題：為什麼比起以前，現在的已婚婦女在產後更快地投入就業市場呢？

　　在本章中，除了先前研究所探討的人口與經濟因素外，作者將論證社會規範與幼兒托育的改變在此趨勢中確實扮演了重要的角色。為了檢驗這些因素所扮演的角色，並在記錄其變化時能夠更接近育嬰期已婚婦女勞動力參與快速擴張的起始時間點（參照圖3.3），本研究將樣本限制在育有未滿1歲嬰兒的已婚婦女，並使用1960、1970、1980及1990年每十年一次的人口普查（PUMS）資料，來重複並延伸萊波維茲與克勒曼（Leibowitz and Klerman, 1995，以下稱之為L&K）的模型。

　　在本章的第一部分，將以第三章所檢驗的歷史脈絡來討論L&K未能回答的研究問題。接著將提出理論模型與工作假設，以協助我們對變化的原因尋求一個更適切的答案。最後，根據此工作假設進行描述性與多變項分析並加以討論，以檢驗作者對此趨勢所提出的新模型。

一、問題意識——對萊波維茲、克勒曼（1995）的挑戰

L&K 使用6月份美國人口現況調查（CPS）資料，並試著分別以經濟因素（薪資所得機會的變化）與人口因素（年齡、教育程度及子女數目）來解釋1970到1990年間勞動力參與的變化。然而，在納入經濟與人口因素的效果後，育有3歲以下幼兒的已婚婦女的就業率增加中，仍然有55%未被解釋。

當這兩位作者將研究對象限定在育有3歲以下嬰兒的已婚婦女，並宣稱已成功解釋了這群婦女勞動力參與中45%的成長，本書作者所要提出的挑戰便不只是針對那55%未被解釋的變化，也是針對一部分L&K宣稱已被解釋的那45%的變化。如表4.1所見，一個在論文中可能扮演主要角色的關鍵變項，顯示了其論文並不能適切地解釋育有未滿1歲嬰兒的已婚婦女在勞動供給上的變化。有關其模型中，未能解釋育有未滿1歲嬰兒的已婚婦女之變化的相關資訊，最終係數列於表4.1。

表 4.1：婦女產後工作趨勢在模型中未被解釋的部分（依嬰兒年齡劃分）

月份	月份和時間趨勢的交互作用係數[1]
1 個月	0.0341***
2 個月	0.0169**
3 個月	0.0308***
4 個月	0.0049
5 個月	0.0063
6 個月	0.0117
7 至 11 個月	0.0103*
13 至 24 個月	0.0048
25 至 36 個月	0.0004

說明：[1] 本表中的係數是複製自 Leibowitz and Klerman（1995）的表二中第三欄的模型二。
[2] * 指的是 $p<0.10$；** 指的是 $p<0.05$；*** 指的是 $p<0.01$。

藉由將分析對象限制在育有未滿1歲嬰兒的已婚婦女，可以增進我們對呈現在表4.1中未被充分解釋的變化的認識。為了比較L&K的原始模型與整合了「參考社會規範」和「幼兒托育供給」等新變項的新模型之間的解釋力，本

書重複 L&K 最終模型的主要變項，並把它當作進一步研究的基礎。在第二章已討論了「社會規範」與「幼兒托育供給」的理論意涵與操作型定義，以及那些用來重複早期研究的變項，而綜合該章討論的重要變項所發展的理論模型，可以為本研究所提出的新解釋提供一個完整的圖像。

二、理論模型與研究設計

（一）基準模型

針對育有 3 歲以下嬰兒的已婚母親，L&K 提出的模型大致摘要於（4-1）：

$$
\begin{aligned}
d = 1 &\Leftrightarrow w_t - \beta_0 - \beta_I I_t - \gamma(a) - X\theta - \varepsilon > 0 \\
&\Leftrightarrow P[d=1] = \Phi\left[\tilde{\beta}_0 + \tilde{\beta}_w w_t + \tilde{\beta}_I I_t + \tilde{\gamma}(a) + X\tilde{\theta}\right] \\
&\approx \Phi\left[\tilde{\tilde{\beta}}_0 + \tilde{\tilde{\beta}}_w X\psi_{x,t} + \tilde{\tilde{\beta}}_I X_t\psi_{I,t} + \tilde{\tilde{\gamma}}(a) + X\tilde{\tilde{\theta}}\right] \\
&\approx \Phi\left[\tilde{\tilde{\beta}}_0 + \tilde{\tilde{\gamma}}(a) + X_{\pi}^{\tilde{\tilde{}}}\right];
\end{aligned}
\tag{4-1}
$$

如果該婦女在特定月份工作，則 d 等於 1，否則 d 等於 0；w_t 是婦女在時間 t 的市場薪資。（4-1）第一行的其他項目是 L&K 所提出，用以決定婦女在勞動市場中工作（無論工時長短）的成本：I_t 是在時間 t 的家戶收入；$\gamma(a)$ 為家中最年幼孩子年齡的非線性影響；X 指涉那些與「工作偏好」相關的所有其他因素的向量；ε 則是殘差項。

換句話說，（4-1）的第一行隱含了只要市場薪資超過婦女的隱藏價格（shadow price），他就會投入勞動市場工作。（4-1）的第二行是假設殘差項 ε 為常態分配後，基於第一行的理論架構所呈現的機率單元模型。由於無法直接觀察每一家戶的收入與該名女性的薪資，L&K 在（4-1）第三行以觀察得到的變

項估計丈夫與已婚婦女的薪資所得潛能（w_t 和 I_t）並置入模型中。[1]（4-1）第三行與第四行的參數寫成雙波形號（tildes），顯示了在置入薪資所得潛能後的殘差值也同樣被假定為常態分配，而參數的變異與此新殘差項皆呈常態分配。

L&K 認為，假如父母的人口特性能夠跨越時間穩定地預估其薪資所得潛能，那麼育嬰期已婚婦女的勞動供給便可完全由父母的人口統計特性解釋。這就是 L&K 所謂的人口模型，即方程式（4-1）的最後一行。另一方面，假如這一相關並不穩定，而是可能隨著時間推移的，則模型可能就要直接納入薪資所得潛能與其他的經濟指標（例如：失業率），L&K 將其稱為經濟模型。其論文最終的模型結合了人口與經濟模型，以及它們與線性時間趨勢的交互作用。

為了使用 L&K 的模型作為此研究的基準，作者針對已婚婦女產後重返就業的趨勢進行某些修正。如前所述，L&K 模型中的趨勢顯示，育有不同幼兒年齡的婦女，其勞動供給隨著時間產生變化（參照表 4.1）。但是 PUMS 缺乏精確的兒童出生月份資料，因此本研究以人口普查年度的虛擬變項，表達已婚婦女產後重返就業市場的趨勢。[2] 在此基準模型中，包含了一個代表家戶中學齡前兒童數量的新變項，以估計在方程式（4-1）中 $\gamma(a)$ 的一部分效果。

（二）薪資效果與收入效果

在 L&K 模型中，對育嬰期的女性來說，婦女的薪資所得機會被視為其市場薪資的一個指標。先前的研究顯示，婦女薪資不只可增加家庭經濟來源，它也可提升女性進行勞動供給的動機。我們可以把勞動供給動機的效果當作是「補償性的薪資效果」或「薪資效果」，把家庭經濟資源的效果當作「收入效果」（參照 Goldin, 1990; Mincer, 1960, 1962; Smith and Ward, 1985）。假如「薪

---

[1]　$X_t\Psi(.)_t$ 指的是用來估計薪資所得潛能的函數。此函數的詳細說明請見克勒曼、萊波維茲（1995）及第二章中「已婚婦女與丈夫的薪資所得潛能」該節。因為目的相同，因此本書使用了克勒曼、萊波維茲（1995）所建立的模型參數。可惜，從作者個人與克勒曼的聯繫中，發現他們遺失了他們薪資所得方程式的原始估計值，所以必須重新估計薪資所得方程式的參數。

[2]　1960 到 1980 年間，嬰兒出生的季節是有紀錄的。可惜，此資訊在 1990 年並不存在。為了使跨普查年度具有可比較性，在本章中採用年度的虛擬變項，而忽略每一年的出生季節或月份。

資效果」大於「收入效果」，婦女薪資的提高將會增加勞動供給，否則，伴隨婦女薪資增加的將是女性勞動供給的減少。[3]

　　根據此論述方向，我們可以將方程式（4-1）的第三行重新以方程式（4-1a）來表述，以區分已婚婦女收入機會中的「薪資效果」與「收入效果」：

$$P[d=1] = \Phi\left[\tilde{\tilde{\beta}}_0 + \tilde{\tilde{\beta}}_w\, X_t\psi_{w,t} + \tilde{\tilde{\beta}}_I\, X_t\psi_{I,t} + \tilde{\tilde{\gamma}}(a) + X\tilde{\tilde{\theta}}\right]$$
$$= \Phi\left[\tilde{\tilde{\beta}}_0 + (\tilde{\tilde{\omega}}_w + \tilde{\tilde{\beta}}_I)X_t\psi_{w,t} + \tilde{\tilde{\beta}}_I\, X_t\psi_{I,t} + \tilde{\tilde{\gamma}}(a) + X\tilde{\tilde{\theta}}\right]. \qquad (4-1a)$$

在此，ω_w 定義為未觀察到的薪資效果，β_I 則是收入效果，它的大小應該等同於 $\psi_{I,t}$ 的 β_I。（4-1a）中的 ω_w 被假定為正值，因為 ω_w 被定義為由薪資所激發的動機之大小；另一方面，β_I 應該是負值，因為它指涉的是婦女薪資與已婚婦女可取得的經濟資源之間有多高的相關性，這些經濟資源允許他們可以選擇休閒或其他活動，而不必然得投入勞動市場工作。

　　雖然我們無法直接估計 ω_w 的大小，卻可以藉由比較 β_w 與 β_I 獲得一些符合邏輯的推論。根據上面的定義，假如 $\beta_I < 0$ 且 $\beta_w > 0$，則我們可以推論「薪資效果」應該大於「收入效果」。例如，閩社（1962）及之後關於女性勞動供給的研究（如 Cain, 1966; Smith and Ward, 1985）皆發現，對於所有婦女而言 $\beta_I < 0$ 且 $\beta_w > 0$。因此，他們的結論為：針對近來女性勞動供給的變化，勞動市場中需求面的變化比供給面（諸如社會規範、幼兒托育供給）的變化更為重要。同理，假如 $\beta_I \leq \beta_w < 0$，我們就可以說「收入效果」是比較強的；[4] 而假如 $\beta_I \leq \beta_w = 0$，我們便可以說「收入效果」與「薪資效果」大略是相等的。

　　L&K（1995）並沒有清楚地交代他們如何詮釋 β_I 和 β_w 的結果。不過，依

3　閩社（1960, 1962）及後續的研究者（例如 Smith and Ward, 1985; Cain, 1966）主張「薪資效果」和「收入效果」何者影響較大，無法由理論預測，必須由實證研究結果去推估。史密斯、華德（1985）的研究認為，美國過去這數十年女性勞動供給的成長，乃是由於女性薪率的提升。一般而言，「薪資效果」大於「收入效果」。請見第一章、第二章及附錄 1-1 的討論。

4　其他的組合是無法確定或不合邏輯的。

據上段論述，我們可以看到其模型 2 的最終結果，指出了育有 3 歲以下幼兒的已婚婦女在過去幾十年來，收入效果和相對應的「薪資效果」是一樣強的，[5] 這顯然不同於那些針對所有婦女的研究發現（參照 Mincer, 1962; Cain, 1966; Smith and Ward, 1985）。如果這個差異並不是源自於研究關注的對象不同（亦即「所有婦女」對比「育嬰期的已婚婦女」），那麼 L&K 的研究結果顯然揭示了，供給面（例如社會規範或幼兒托育供給）在近來育嬰期已婚婦女的勞動供給趨勢中，扮演了更為重要的角色。接下來的分析受到 L&K 對 β_w 的估計所啟發，將尋求直接證據以檢視供給面的變化是如何影響這些趨勢。

（三）納入社會規範

我們可以用什麼理論來解釋 L&K 模型所留下來的、那些未被解釋的趨勢呢？作者認為社會規範的變化效果應被納入考慮。在此，社會規範指的是，社會對於女性就業的一般社會行為規範。如同在第一章及第三章中介紹的，當我們考察美國女性整體勞動力參與的長期變化時，我們可以問的是：社會規範的變化對於育嬰期已婚婦女的就業有什麼效果？

針對育嬰期已婚婦女，第二章提出的「參考社會行為規範理論」[6] 推測，假如這些婦女所屬的團體中已有許多已婚婦女投入勞動力，則他們會更傾向於進入或返回勞動市場。在本研究中，「參考社會行為規範」是以參考團體中擁有相似社會角色的人們之行為模式來加以操作化，也就是說，處於育有學齡前兒童這個階段以外的已婚婦女，其就業率的劇烈增加，乃是改變育嬰期已婚婦女就業水準延遲的主要影響因素之一。

為了估計社會規範的效果，本書以：在丈夫的職業團體內，其他已婚男性育有 6 到 17 歲子女的妻子之就業比例，來操作化「支持婦女投入勞動市場工作的社會規範」。並以 L&K 模型檢驗以下兩個研究假設：

5　丈夫薪資所得的主要效果是 -0.4139，$p<0.01$；丈夫薪資所得與調查時期的交互作用為 0.0001，$p<.05$；母親薪資所得的主要效果是 -0.0216，$p>0.10$；母親薪資所得與調查時期的交互作用也是 0.0001，$p<0.01$（Leibowitz and Klerman, 1995）。

6　見第二章「參考社會規範」。

假設4-1：如果有更多其丈夫和自己丈夫來自相同職業團體，並育有非成
　　　　　年子女的已婚婦女投入勞動市場，那麼育嬰期的婦女更傾向於
　　　　　投入勞動市場。[7]

假設4-2：上述定義的社會規範的變化，乃是近來育嬰期已婚婦女勞動力
　　　　　參與擴張的主要原因之一。

（四）付費的幼兒托育供給與一個新模型[8]

　　儘管育嬰期女性近來的勞動力參與率劇烈提升，仍然很少研究證實幼兒托
育供給的長期變化是如何影響母親就業率的長期變化。當更多育嬰期的母親投
入勞動市場，付費的幼兒托育需求也應該會隨之增加。如果政策制訂者想要了
解付費的幼兒托育供給是如何幫助或限制了這些婦女，就得探究付費的幼兒托
育供給與育嬰期已婚婦女的勞動力參與之間的關係。本研究預期，某州內幼
兒托育工作者的多寡，將與該州育嬰期已婚婦女投入勞動市場的機會呈正相
關。[9]而一個適當的模型可以幫助我們判斷此效果的大小，並檢視此效果在這
段時期是否有所改變。

　　整合社會規範與付費的幼兒托育供給，此研究所要測試的新模型定義如
下：

$$P[d = 1] = \Phi \left[\tilde{\beta}_0 + \tilde{\beta}_w \, w_t + \tilde{\beta}_I \, I_t + \tilde{\gamma}'(a) + X \, \tilde{\theta} + N \, \tilde{\delta} + \tilde{C}_K \right] \qquad (4\text{-}2)$$

（4-2）中所有符號都與方程式（4-1）的定義相同，N是社會規範的效果，

---

[7]　關於用來區分受訪者行為作為在機率單元模型中的依變項與用來估計社會規範的婦女樣本，其操作
　　型定義的理論基礎及研究策略的探討請見第二章。

[8]　對於嬰兒的母親來說，我們發現雙親家庭仍然比較喜歡由親戚來照顧嬰兒（Leibowitz et al., 1988;
　　Mason and Kuhlthau, 1989; Klerman and Leibowitz, 1990; Kuhlthau and Mason, 1996）。然而，由於過去
　　這40年來，家裡有祖父母親的比例並沒有太大改變，甚至有輕微降低，因此，為了解釋近年來女
　　性勞動力參與的增加，無酬幼兒托育並沒有被包含進來。

[9]　為了區分因果關係，本書使用前期各州的幼兒托育供給作為解釋變項。關於文獻回顧與這一操作型
　　定義的更多細節，請見第二章。

C 是幼兒托育的效果。在方程式（4-1）中，幼兒托育效果是隱含在 $\gamma(a)$ 的效果中，因此，在我們直截了當地把幼兒托育增加到方程式（4-2）的模型後，$\gamma'(a)$ 被用來代表扣除付費的幼兒托育效果後的兒童年齡淨作用。

（五）資料與研究設計

為了重複 L&K 模型並檢驗上面所提出的兩個假設，分析樣本將限定在 1960、1970、1980 及 1990 年百分之一 PUMS 中年齡 16 到 45 歲的已婚婦女。此外，本研究也使用 3 月份 CPS 資料與 1950 年百分之一 PUMS 資料來發展解釋變項。依照萊波維茲、克勒曼（1995）提出的程序，父母親的薪資所得潛能是以 1964 到 1995 年的 3 月份 CPS 資料來估計；各州女性失業率也是由 3 月份 CPS 資料所估計的，而各普查年前一年的各州失業率也用來推估 1960 到 1990 年間，育嬰期已婚婦女正在工作（無論工時長短）的可能性。最後，社會規範、幼兒托育供給、丈夫與已婚婦女薪資所得潛能等變項之定義，已在第二章予以說明。

根據 L&K，依變項的定義為「正在工作」（無論工時長短）。此外，採用機率單元模型（probit model）進行多變項分析，來估計（4-1）與（4-2）的模型。由於本研究採用橫斷面資料，且調查時間點少並間隔長，故萊波維茲與克勒曼原採用的連續時間測度，在本研究中改以虛擬變項表示。其他資料與方法的細節，以及本章所使用各個變項的定義已概述於第二章。在最終分析中，虛擬變項「州」被視為控制變項：由於那些與各州政策相關，但卻未能觀察到的勞動市場因素或幼兒托育供給因素，無法被模型中其他變項充分控制，所以最終模型中加入了「州」的虛擬變項以控制之。

三、描述性結果：參與勞動市場的是哪些育嬰期已婚婦女？

表 4.2 呈現了以 PUMS 所估計的人口與經濟因素的邊際分配及其隨時間的變化，並同時與 L&K 所定義和檢視的變項進行比較。

表 4.2：女性就業模型中的解釋變項與依變項的平均值（PUMS, 1960-1990）

	1960-1990	1960	1970	1971 L&K	1980	1990	1990 L&K	1990 vs. 1970(1)	L&K 的差異 (2)	(1)-(2)
樣本個數	115,766	36,361	25,561	--	27,709	23,135	--	--	--	--
依變項										
勞動比例	22.7	10.8	16.5	--	27.6	43.2	--	26.7	--	--
子女數與年齡										
三個或三個小孩以上（%）	36.1	49.3	36.1	--	26.8	26.2	--	-9.9	--	--
兩個以上不到6歲的小孩（%）	17.5	28.3	16.5	--	10.3	10.3	--	-6.2	--	--
女性的特徵										
非裔（%）	7.9	9.8	8.4	9.0	7.5	5.7	6.4	-2.7	-2.6	-0.1
西班牙裔（%）	5.3	2.9	6.5	--	8.8	3.5	9.9	-3.0	--	--
女性年齡（歲）	27.1	27.1	26.1	27.4	26.6	28.7	29.4	2.6	2.0	0.6
女性教育程度（年數）	12.2	11.3	12.0	13.1	12.7	13.3	14.3	1.3	1.2	0.1
女性是高中畢業的比例（%）	75.3	62.6	73.7	75.0	83.6	88.6	87.6	14.9	12.6	2.3
女性是大學畢業的比例（%）	13.8	6.6	10.7	11.5	17.2	25.1	25.7	14.4	14.2	0.2
丈夫的特徵										
丈夫的年齡（歲）	29.9	30.4	29.0	30.5	29.2	31.2	32.2	2.2	1.7	0.5
教育程度（年數）	12.4	11.3	12.3	13.1	13.0	13.4	14.4	1.1	1.3	-0.2
丈夫是高中畢業的比例（%）	73.4	57.9	73.0	75.2	83.2	88.6	87.6	15.6	12.4	3.2
丈夫是大學畢業的比例（%）	20.7	14.3	19.3	18.7	24.5	28.5	29.9	9.2	11.2	-2.0
經濟變項										
州平均失業率（%）	5.9	5.5	5.4	5.9	6.5	6.2	5.5	0.8	-0.4	1.2
女性薪資所得潛能（對數）	9.0	8.3	8.9	9.6	9.4	9.7	9.6	0.8	0.0	0.8
丈夫薪資所得潛能（對數）	9.7	9.3	9.8	10.1	10.0	10.1	10.0	0.3	-0.1	0.4
育嬰期的妻子工作規範，依照丈夫職業劃分										
等級一（最低等級）	24.6	68.9	14.3	--	1.5	0.0	--	-14.3	--	--
等級二	25.9	31.1	43.8	--	16.4	2.1	--	-41.7	--	--
等級三	24.7	0.0	37.1	--	58.7	7.4	--	-29.7	--	--
等級四	24.8	0.5	4.8	--	23.4	90.5	--	85.7	--	--
每100名學齡前兒童中的付費幼兒托育供給	2.8	--	2.4	--	3.7	6.0	--	3.6	--	--

資料來源：此表格的數據，除了 1971 L&K 及 1990 L&K 這兩欄欄位之外，其餘欄位是由本書作者製作。1971 L&K 來自 Leibowitz and Klerman (1995) 的研究。L&K 的估計值是根據 PUMS（1960, 1970, 1980, 1990）製作。1971 L&K 及 1990 L&K 的估計值是根據 6 月份的人口現況調查（CPS）計算而來。關於 Leibowitz and Klerman (1995) 的研究內容請參考第一章和第二章的討論。

　　為了複製和比較這兩個研究，儘可能使表4.2中變項的定義接近L&K。在本研究中，主要變項的邊際分配與萊波維茲、克勒曼（1995）所呈現的內容有相當高的一致性。表4.2顯示，本研究父親和母親的平均年齡較萊波維茲與克勒曼的樣本年輕，此差異主要是源自本研究的樣本限定於育有較年幼兒童的母親，而年齡範圍的差異也可能導致教育程度與薪資所得潛能有些微差距。儘管PUMS所估計的各變項邊際分配與L&K中以1971及1990年CPS估計相似變項所得到的邊際分配有些微差距，但這些差距都不足以阻礙我們探索有關育嬰期已婚婦女未被解釋的就業趨勢的新理論。

（一）人口特性的變化

　　表4.2中單一變項分布的變化方向，與L&K所描述的變化方向一致。他們指出，育嬰期已婚婦女在人口特性的分布變化，一般而言與這些婦女較高的就業率相關，同樣的證據也呈現在表4.2與4.3。

表4.3：女性就業與人口經濟和規範變項的雙變項交叉關係（1960-1990）

	全體	1960 (1)	1970	1980	1990 (2)	1960 vs. 1990	
						(2-1)	(2-1)/(1)
子女數與年齡							
三個小孩以上（包含三個）	16.2	9.1	14.5	22.4	32.8	23.7	2.6
少於三個小孩	26.3	12.4	17.6	29.5	46.9	34.5	2.8
兩個以上的不到6歲的小孩	12.8	8.1	12.6	17.8	27.5	19.4	2.4
兩個以下的不到6歲的小孩（包含兩個）	24.8	11.8	17.2	28.7	45.0	33.2	2.8
女性的特徵							
白人	21.9	10.0	15.2	26.4	42.8	32.8	3.3
非裔	3.03	17.6	28.9	41.0	50.4	32.8	1.9
西班牙裔	23.2	10.8	17.1	26.7	42.5	31.7	2.9
女性年齡							
25歲以下	20.1	11.3	17.5	25.7	37.8	26.5	2.3
26至35歲	24.8	10.0	14.9	28.8	45.2	35.2	3.5
36至45歲	23.7	11.7	17.7	31.1	45.8	34.1	2.9
女性教育程度							
不到高中程度	14.1	9.9	15.2	19.4	23.4	13.4	1.4
高中畢業	25.4	11.3	16.9	29.3	45.6	34.3	3.0
大學畢業	34.1	13.0	17.9	35.3	50.3	37.3	2.9

表4.3：女性就業與人口經濟和規範變項的雙變項交叉關係（1960-1990）（續）

丈夫的特徵

丈夫的年齡

25 歲以下	20.8	12.5	18.5	25.9	38.2	25.7	2.1
26 至 35 歲	23.5	9.8	15.1	28.1	44.3	34.4	3.5
36 歲以上（包含36 歲）	22.8	10.8	16.5	28.7	44.0	33.2	3.1

丈夫的教育程度

不到高中程度	16.8	11.3	18.2	24.2	31.1	19.8	1.8
高中畢業	24.8	10.4	15.8	28.3	44.8	34.4	3.3
大學畢業	13.7	8.6	17.9	29.7	43.0	34.4	4.0

經濟變項

女性的州失業率

年平均以上（含年平均）	21.5	10.2	16.1	26.1	40.5	30.3	3.0
年平均以下	23.8	11.3	16.7	30.2	45.3	33.9	3.0
1960 至 1990 年的平均以上	24.7	10.2	16.0	26.4	41.1	30.9	3.0
1960 至 1990 年的平均以下	20.7	11.1	16.7	30.3	46.9	35.8	3.2

女性薪資所得潛能

年平均以上（含年平均）	23.1	11.2	16.2	30.6	49.1	38.0	3.4
年平均以下	22.1	10.1	17.1	24.7	37.6	27.5	2.7
1960 至 1990 年的平均以上	30.4	13.4	15.5	28.9	43.2	29.9	2.2
1960 至 1990 年的平均以下	12.9	10.6	17.5	17.5	27.0	16.4	1.6

丈夫薪資所得潛能

年平均以上（含年平均）	21.8	10.0	14.7	28.0	45.0	35.0	3.5
年平均以下	23.8	11.8	18.9	27.0	40.9	29.1	2.5
1960 至 1990 年的平均以上	27.9	8.3	14.9	28.2	44.9	36.6	4.4
1960 至 1990 年的平均以下	16.4	11.3	18.8	26.0	34.5	23.3	2.1

育嬰期的妻子工作規範，依照丈夫職業劃分[1]

等級一（最低等級）	11.7	10.8	9.5	21.9	--	--	--
等級二	15.0	10.8	16.8	22.7	31.8	15.0	0.9
等級三	24.0	--	17.6	26.9	36.8	19.2	1.1
等級四	40.3	--	19.5	33.0	44.0	24.5	1.3
年平均以上（含年平均）	24.2	10.6	17.4	29.9	46.4	29.0	2.7
年平均以下	21.0	10.9	15.6	25.0	39.7	28.8	2.6

每一百名學齡前兒童付費幼兒托育的比例

1960 至 1990 年的平均以上（含平均）	18.7	10.7	14.4	28.0	22.1	11.4	1.1
1960 至 1990 年的平均以下	26.8	10.9	17.7	26.7	28.0	17.1	1.6
年平均以上（含年平均）	24.4	12.2	16.4	29.0	44.1	31.9	2.6
年平均以下	21.4	9.9	16.5	26.5	42.5	32.6	3.3

資料來源：PUMS（1960, 1970, 1980, 1990）。

說明：[1] 對於等級三和等級四的規範，(1)、(2-1) 和 (2-1)/(1) 這三欄中的 (1) 是指1970 年而不是1960
年。

　　相較於1960年，育嬰期已婚婦女在1990年比較不可能育有超過兩名子女，同時也較不可能在育嬰期時，還育有超過兩個不到6歲的子女。如人口普查資料所估計，在1960年的育嬰期已婚婦女中，有49%的婦女育有超過兩名子女；1960到1990年之間，育有超過兩名子女的比例減少至1960年水準的53%（亦即從1960年的49.3%降至1990年的26.2%）。同一時期，處於育嬰期且育有超過兩名不到6歲子女的已婚婦女，其比例約降至1960年水準的36%（亦即從1960年的28.3%降至1990年的10.3%），育有超過兩名不到6歲子女的已婚婦女在比例上的急遽變化，指出生育間隔增加。表4.3顯示，育有超過兩名子女的已婚婦女之比例變化，與育有超過兩名不到6歲子女的已婚婦女之比例變化，皆與母親投入勞動市場的增加有關聯。最後一欄也指出，相較於育有較少子女以及較長生育間距的婦女，育有兩名以上子女以及育有更多不到6歲子女的婦女，其投入工作的可能性增加較少。這個現象在稍後的多變項分析中會有進一步的檢驗。

　　相較於先前幾期的人口普查，在1990年的PUMS中，黑人與西班牙裔的育嬰期的已婚婦女比例較一般人口的比例低。[10] 對比L&K（p. 371）的發現，從表4.3中我們可以看到，在育嬰期的已婚婦女中，西班牙裔婦女投入勞動市場的比例並非是所有種族中最低的，反而是白人婦女的勞動力參與率最低。雖然在1990年，育嬰期白人母親的勞動力參與率仍是三個族群中最低的，但很明顯地，其工作比例在過去數十年卻是增加最多的。然而，在稍後的多變項分析中，我們將討論當控制其他變項後，勞動力參與率在種族上的差異是否會隨著時間而減低。

　　在CPS與PUMS中都可以看到，相較於1960與1970年，1990年的育嬰期已婚婦女更可能有較高的教育水準。從表4.3的最後一欄我們也發現，高中及大學教育程度的婦女在就業比例上的增加，比教育程度低於高中的婦女多兩倍以上。也就是說，在整體教育水準提升的同時，教育程度與育嬰期已婚婦女

---

[10] 在1960年的普查中，西班牙裔母親的真正比例並不清楚，因為只有五個州界定了西班牙裔的姓氏。不過，在所有育嬰期的已婚婦女中，西班牙裔已婚婦女的比例自1970年開始減少。

就業率的相關性也同時增加。

　　婦女就業機會的變化與丈夫教育水準的關係則比較複雜。一方面，丈夫的教育水準較高可能代表（扣除已婚婦女的貢獻後）較高的永久家庭收入：在其他條件不變的情況下，（扣除已婚婦女的貢獻後）家庭收入較高，已婚婦女的勞動力參與可能較低（Mincer, 1962; Cain, 1966; Bowen and Finegan, 1969）。另一方面，先前的研究也指出，美國丈夫的教育程度與已婚婦女的教育取得呈正相關，且此相關從1930年代增加到1970年代，並在1980年代左右穩定下來（Mare, 1991）。如附錄4.1所示，對於育嬰期的夫妻來說，丈夫及其妻子的教育取得呈正相關，並從1960年增加到1990年。就已婚婦女來說，較高的教育水準增加了其就業率。

　　儘管丈夫的教育程度與已婚婦女的就業之間的關係在各人口普查中是不穩定的，但在特定丈夫教育程度下，可以觀察到已婚婦女的就業率在過去數十年來呈現逆轉的趨勢：亦即，對於育嬰期的夫妻來說，1960年教育程度最高的丈夫，其妻子投入勞動市場的比例最低；但到了1980年，同一群婦女投入勞動市場的比例卻是最高的。此現象的一個可能解釋是，高教育的男性與女性對婦女投入勞動市場工作的支持度都較高。此現象也隱含了丈夫的薪資所得潛能可能並非決定育嬰期已婚婦女是否想要就業的主要因素。

　　1990年，育嬰期已婚婦女的平均年齡（28.7）高於1960年的27.1歲與1970年的26.1歲，但變化並不大，且處於波動型態：1960到1970年先是降低，然後在1970年之後再次升高。雖然1990年PUMS樣本中的平均年齡比1960年大1.6歲，不過1960年的年齡變項標準差是6.1，1990年則為5.2歲，顯示這段時期的平均年齡差異不大。在同一時期，丈夫的平均年齡約增加0.8歲，但若比較1960年丈夫年齡的標準差（7.16）與1990年丈夫年齡的標準差（6.06），不算有太大的增加。這段時期丈夫的年齡也呈波動型態，且每年的變動類似於母親的變化模式。整體來說，這些變化雖小，但丈夫與母親年齡的變化，以及它們與女性就業之間關聯的變化，應該導致母親在勞動市場工作比例的增加。

　　大體來說，1960到1990年間人口特性的變化，應該會導致育嬰期已婚婦

女投入勞動市場工作的比例增加；女性教育程度的變化則與就業率增加有最強也最一致的關係。

（二）經濟因素

根據表4.2與4.3的交叉表顯示，對育嬰期已婚婦女來說，景氣循環與婦女薪資對其勞動力參與整體趨勢的效果並不明確。各州女性失業率總是與母親投入勞動市場的可能性呈負相關，但此失業率在1960到1990年之間是波動的。而丈夫和女性的薪資所得潛能，在這段期間則有些微的增加。

對於丈夫與女性的薪資所得潛能，相較於L&K的估計，本書的估計顯示出更大幅度的增加。除了1970年之外的所有年度，育嬰期已婚婦女的薪資所得潛能都增加了其就業率。在1960與1970年，丈夫薪資所得潛能與育嬰期已婚婦女就業率的雙變項交叉關係皆為負值，但自1980年起，此雙變項的交叉關係已然逆轉。在育嬰期的夫妻中，丈夫薪資所得潛能與婦女就業率的雙變項正向關聯，可能顯示了這些婦女之所以未投入勞動市場，純粹是基於經濟需求以外的因素，或是反映了丈夫與這些婦女的教育程度在近年來漸增的關係。

（三）社會規範

十年前社會規範對女性就業的影響，是以1950到1980年間，丈夫職業團體內妻子就業分配的四分位數來作為指標。表4.3與圖4.1呈現了1960到1990年間，各規範團體的四分位數中，育有未滿1歲嬰兒的母親的就業水準。

考慮到我們定義社會規範的方式，以及近來所有已婚婦女勞動力參與的擴張，對於近來人口普查年中，較高比例的嬰兒母親屬於較高傾向就業的規範層級的現象便無需感到意外。同時，女性勞動力參與也呈現持續成長，在所有職業團體中，有更多最小子女年齡在6到17歲的已婚婦女是傾向於被僱用的。

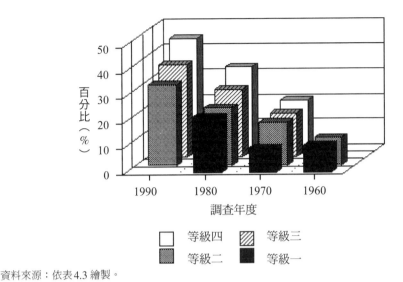

資料來源：依表4.3繪製。

圖4.1：育有未滿1歲嬰兒的已婚婦女「正在工作」的比例：依據丈夫職業群體中，擁有6至17歲子女的妻子工作比例的四分位數劃分（1960-1990）

　　一個好的社會規範效果測量，對育嬰期已婚婦女的就業率會具有跨普查年的一致性排序。圖4.1與表4.3顯示，如果婦女處於傾向就業的規範團體中，育嬰期時比較可能投入工作，反之亦然。[11]

（四）付費的幼兒托育供給

　　表4.2與圖4.2顯示，自1960到1990年，每百名學齡前兒童的收費幼兒托育工作者的平均數量一般而言是增加的。然而，當我們比較各州幼兒托育工作者的平均數量與學齡前兒童母親投入工作的平均數，會發現（圖4.3）前者的增加約略等同於後者的增加。因此，每百名其母親投入勞動市場的學齡前兒童，各年平均約有14到16位的收費幼兒托育工作者。圖4.3顯示，付費的幼兒托育供給之規模幾乎恆常，一則可能反映了更多育有學齡前兒童的母親投入

---

11 社會行為規範的測量是用前一期的人口普查資料建構的，詳細內容請見第二章。

了勞動市場，進而創造幼兒托育的需求，並使提供者數量增加，或想工作的婦女因無法找到合適的幼兒托育而必須待在家中。

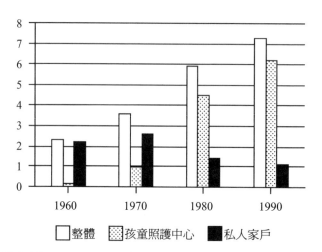

資料來源：PUMS（1960, 1970, 1980, 1990）。

圖4.2：每百位不到6歲的兒童中，幼兒托育工作者平均數量的變化（1960-1990）

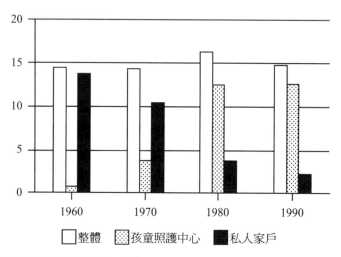

資料來源：PUMS（1960, 1970, 1980, 1990）。

圖4.3：每百位不到6歲且其母親正在工作的兒童中，幼兒托育工作者的平均數變化（1960-1990）

　　在1960到1990年間，相較於私人家庭中的幼兒托育，由機構所提供的幼兒托育變得更為普遍。機構提供照顧的比例由1960年的5%上升至1990年的85%，但我們並不清楚這一組成的變化，如何影響育兒期母親的幼兒托育可取得性。為了了解在某個特定州中，付費的幼兒托育工作者供給，與育嬰期已婚婦女就業率之間可能的因果關係，我使用了前一期人口普查中，關於各州幼兒托育供給的資訊。[12] 從表4.3中可以看到，在大多數的年度中，「已婚婦女的就業率」與前一期普查中「每百位不到6歲兒童的付費幼兒托育工作者比率」呈正相關。在所有年度中，不論該州的幼兒托育供給低於或高於全國平均，其育嬰期已婚婦女的勞動力參與率皆持續增加。

四、多變項的結果

（一）模型選擇

　　方程式（4-1）、（4-1a）及（4-2）所提出的理論模型並沒有預測哪個參數與時間有交互作用。因此在經驗分析中，為了判斷出正確的交互作用組，本研究採取的策略是，先將所有參數與時間作交互作用，接著排除那些未達統計顯著性的交互作用項。為了區分基準模型（歸結自方程式（4-1））的變項解釋力，與本研究新模型的變項解釋力，新變項將逐次加入，並使用概率比檢驗與BIC統計量來判定每一變項的加入是否提供了一個更好的模型。

　　表4.4第一列的模型（1）是包含了所有交互作用項的L&K模型，而模型（2）是最終選定的L&K模型，包含最適切的一組解釋變項與年度虛擬變項之間的交互作用項。由於在本研究中，年度的變項編碼為虛擬變項，一個完全交互作用的模型可能包含了太多多餘的參數，模型（1）、（4）及（5）所提供的經驗證據將協助刪去多餘的交互作用項。

---

12 我試過內插5年前（在兩個普查年中）幼兒托育供給並發現同樣的多變項結果。

表4.4：驗證並挑選出育嬰期已婚婦女就業決定因素的機率單元模型（probit models）[1]

模型說明	自由度（df）	對數概率（Log-likelihood）	對數概率改變幅度	自由度改變幅度	貝氏訊息標準（BIC）	貝氏訊息標準改變幅度
(1): L&K 完整互動模型	115701	-55752.06	--	--	-1237454	--
(2): 選定的 L&K 模型 @ 和 (1) 的比較	115735	-55781.40	-58.68	34	-1237792	-338
(3): (2)+ 幼兒托育 + 幼兒托育 *（70 年度 + 80 年度 +90 年度）和 (2) 的比較	115731	-55745.16	72.48	-4	-1237817	-26
(4): (3)+ 等級 2+ 等級 3+ 等級 4+（70 年度 + 80 年度 +90 年度）*（等級 2+ 等級 3+ 等級 4）和 (3) 的比較	115721	-55482.60	597.60	-10	-1238226	-409
(5): (4) – 70 年度 *（等級 3+ 等級 4）–（80 年度 +90 年度）*（等級 2+ 等級 3+ 等級 4）和 (4) 的比較	115726	-55494.15	502.02	-5	-1238261	-35
(6): (5) – 州失業率 *（80 年度 +90 年度）和 (5) 的比較	115728	-55494.97	-1.64	2	-1238283	-22
(7): (6)+ 51 州的虛擬變數 [2]	115677	-55177.23	635.48	-51	-1238324	-41
(8): (7) – 37 無統計顯著的州虛擬變數 @ 和 (7) 的比較	115714	-55217.28	-80.10	37	-1238815	-351

說明：[1] 這些模型的樣本數都是 115,766。L&K 指的是 Leibowitz and Klerman（1995）的研究。@ 指的是表 4.6-1 及 4.6-2 呈現的估計參數所來自的挑選模型。
　　　 [2] 原本的 51 州虛擬變數包含一個不明的州（原始編碼是 99）。

　　在納入本研究所提出的理論變項後，便可直接與選定的 L&K 模型進行比較，而在這一系列的最後，我們將控制各州的虛擬變項。[13] 表 4.6-1 除了呈現最終選定的 L&K 模型（2）的參數估計外，也列出了零階模型（zero order model）以進行比較。表 4.6-2 則呈現了模型（8），即加入「州」虛擬變項後的最終模型。為了便於比較，表 4.6-2 也列出模型（6）的主要效果，即加入社會規範與幼兒托育變項，但沒有「州」虛擬變項的最佳模型。

　　以經驗法則排除了多餘的年度交互作用項後，從表 4.4 的第二列中可以

---

[13] 經驗證據顯示，如果我們第一個就增加州的虛擬項，實際上的結果並不會改變。

看到模型（2）的適切度大幅增加。因此，我們可以把模型（2）視為在 L&K 的理論體系下最終選定的模型。表4.5 與4.6-1 顯示，我們複製出的 L&K 模型（即模型（2））仍未解釋育嬰期已婚婦女在1960 年與其他年度間就業率的增加。將模型（2）視為基準模型並按照相同的模型選擇邏輯，我依序增加了幼兒托育供給、社會規範及其與「年度」虛擬變項的交互作用。表4.5 與4.6-2 指出，付費的幼兒托育與社會規範成功地解釋了 L&K 模型未能解釋的就業增加。

表4.5：預測育嬰期已婚婦女就業的多變項機率單元模型的年度效果

模型	每一模型中的年度效果係數		
	1970	1980	1990
零級（Zero Order）	0.26*	0.64*	1.07*
	(0.01)	(0.01)	(0.01)
模型 (2)：選定的 Leibowitz 和 Klerman 模型	0.22*	0.32*	0.35*
	(0.02)	(0.08)	(0.10)
模型 (3)：模型 (2)+ 付費幼兒照顧	0.16*	0.082	0.23*
	(0.03)	(0.09)	(0.11)
模型 (2)+ 規範等級	0.02	0.13	0.02
	(0.03)	(0.085)	(0.10)
模型 (6)：沒有州虛擬變數的最終模型	-0.06	-0.15*	-0.20*
	(0.04)	(0.075)	(0.09)
最終選定的模型 (8)：模型 (6) 和14 州虛擬變數	-0.08*	-0.21*	-0.27*
	(0.04)	(0.08)	(0.09)

說明：本表刮號中的數值是標準誤。當 |Z| 分數的機率 p 值小於0.05，係數旁加註 * 表示。

表 4.6-1：育嬰期已婚婦女就業的決定因素（在零級和選定的 L&K 模型的機率係數）

	零級模型		選定的 L&K 模型 (2)								
			主要效果		1970		1980		1990	
	係數	標準誤	係數	標準誤	係數	標準誤	係數	標準誤	係數	標準誤
1970 年	0.26	0.01	0.22	0.02	--	--	--	--	--	--
1980 年	0.64	0.01	0.32	0.08	--	--	--	--	--	--
1990 年	1.07	0.01	0.35	0.10	--	--	--	--	--	--
兩個以上的小孩	-0.22	0.01	-0.16	0.02	0.07	0.02	--	--	-0.13	0.03
兩個以上介於 0 至 5 歲的小孩	-0.29	0.01	-0.18	0.02	--	--	--	--	--	--
女性教育程度	0.03	0.003	0.04	0.004	--	--	--	--	--	--
女性教育程度≥16 年	0.06	0.02	0.06	0.02	--	--	--	--	--	--
女性教育程度≥12 年	0.07	0.02	-0.04	0.03	--	--	0.16	0.03	0.32	0.04
非裔	0.37	0.01	0.44	0.02	--	--	--	--	-0.22	0.04
西班牙裔	0.03	0.02	0.11	0.02	--	--	--	--	--	--
年齡	0.02	0.01	0.04	0.01	--	--	0.01	0.002	0.02	0.002
年齡的平方	-0.0003	0.0001	-0.01	0.003	--	--	--	--	--	--
丈夫教育程度	0.02	0.003	-0.0056	0.0033	--	--	--	--	--	--
丈夫教育≥16 年	-0.11	0.02	-0.21	0.02	--	--	0.16	0.02	--	--
丈夫教育≥12 年	-0.02	0.02	-0.02	0.02	--	--	--	--	0.16	0.03
丈夫年齡	0.003	0.004	-0.005	0.005	--	--	--	--	--	--
丈夫的年齡的平方	-0.0003	0.0001	-0.00002	0.0001	--	--	--	--	--	--
州失業率	-0.04	0.004	-0.02	0.01	--	--	-0.03	0.01	-0.03	0.01
女性薪資所得潛能	0.18	0.01	0.06	0.03	--	--	--	--	--	--
丈夫薪資所得潛能	-0.04	0.01	-0.10	0.02	--	--	--	--	--	--
規範等級 2	0.07	0.02	--	--	--	--	--	--	--	--
規範等級 3	0.20	0.02	--	--	--	--	--	--	--	--
規範等級 4	0.36	0.02	--	--	--	--	--	--	--	--
幼兒托育	0.02	0.004	--	--	--	--	--	--	--	--
常數	--	--	-1.42	0.19	--	--	--	--	--	--

表 4.6-2：育嬰期已婚婦女就業的決定因素（在有／無州虛擬變項的最終模型中的機率係數）

變項	模型(6)的主要效果 係數	標準誤	主要效果 係數	標準誤	最終選定的模型(8) 1970 係數	標準誤	1980 係數	標準誤	1990 係數	標準誤
1970 年	-0.06	0.04	-0.08	0.03	--	--	--	--	--	--
1980 年	-0.15	0.08	-0.21*	0.08	--	--	--	--	--	--
1990 年	-0.20	0.09	-0.27*	0.09	--	--	--	--	--	--
兩個以上的小孩	-0.16*	0.02	-0.17*	0.02	0.07*	0.02	--	--	-0.13*	0.03
兩個以上 0 至 5 歲的小孩	-0.18*	0.02	-0.18*	0.02	--	--	--	--	--	--
女性教育程度（年數）	0.03*	0.004	0.03*	0.004	--	--	--	--	--	--
女性教育程度 16 年以上	0.06*	0.02	0.03	0.02	--	--	0.18*	0.03	0.36*	0.04
女性教育程度 12 年以上	-0.05	0.03	0.09*	0.03	--	--	--	--	-0.21*	0.04
非洲裔	0.44*	0.02	0.40*	0.02	--	--	--	--	--	--
西班牙裔	0.10*	0.02	0.12*	0.02	--	--	--	--	--	--
年齡	0.04*	0.01	0.03*	0.01	--	--	0.01*	0.002	0.02*	0.002
年齡的平方	-0.0005*	0.0001	-0.0004*	0.0001	--	--	--	--	--	--
丈夫的教育程度（年數）	-0.005	0.003	-0.002	0.003	--	--	--	--	--	--
丈夫的教育程度 16 年以上	-0.22*	0.02	-0.23*	0.02	--	--	--	--	--	--
丈夫的教育程度 12 年以上	-0.036	0.019	-0.05*	0.02	0.17*	0.03	0.18*	0.02	0.16*	0.03
丈夫的年齡	-0.002	0.01	-0.01	0.01	--	--	--	--	--	--
丈夫年齡的平方	-0.00001	0.0001	0.00007	0.00007	--	--	--	--	--	--
州失業率	-0.04*	0.004	-0.05*	0.004	--	--	--	--	--	--
女性薪資所得潛能	0.08*	0.03	0.15*	0.03	--	--	--	--	--	--
丈夫薪資所得潛能	-0.09*	0.02	-0.04*	0.02	--	--	--	--	--	--
規範等級二	0.01	0.02	0.01	0.02	--	--	--	--	--	--
規範等級三	0.23*	0.02	0.24*	0.02	--	--	--	--	--	--
規範等級四	0.37*	0.02	0.38*	0.02	--	--	--	--	--	--
幼兒托育	0.11*	0.02	0.08*	0.02	-0.06	0.03	-0.06*	0.03	-0.09*	0.03
常數	-1.54*	0.19	-2.25*	0.20	--	--	--	--	--	--

說明：當 p 值 <0.05 時，係數旁以加註 * 表示。-- 表示 --。請參考表 4.4 中的模型 (2)、(6) 和 (7) 的對數機率和自由度。所有模型的樣本數是 115,766。

（二）加上社會規範與幼兒托育兩個變項的結果

　　圖4.4呈現了1960、1970、1980和1990年，育嬰期已婚婦女平均就業率觀察值與預測值之間的差異，其中，預測值是以表4.4的最終模型（即模型（8））進行計算。結果指出，育嬰期已婚婦女在1960與1990年之間的就業率差異中，約有41%是源自於社會行為規範的變化。雖然在最終模型中，相較於社會規範，幼兒托育供給的效果相對微小的，但如表4.5所示，幼兒托育供給在解釋1960與1970年間，女性就業率的差異時仍是相當重要的。

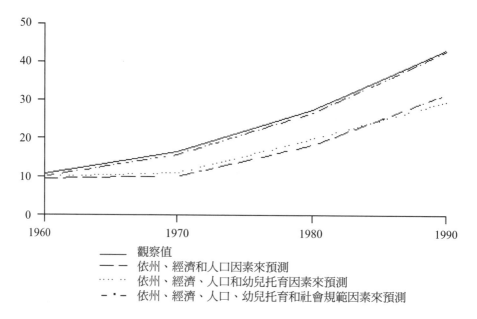

資料來源：PUMS（1960, 1970, 1980, 1990），預測的數值是根據模型 (6) 的參數計算出來的。
圖4.4：育嬰期已婚婦女正在工作的比例：觀察值和預測值的比較（1960-1990）

　　相較於表4.4的模型（2），模型（6）及選定模型（8）在加上幼兒托育與社會規範之後，對於育嬰期已婚婦女投入勞動市場的機率，的確提供了一個比較好的解釋。就本研究所探討的樣本來說，假設4-1「如果有更多其丈夫和自己丈夫為相同職業團體，並育有非成年子女的已婚婦女投入了勞動市場，那麼

育嬰期的婦女更傾向於投入勞動市場」沒有被拒絕，並且證實了州內付費的幼兒托育供給對於就業率的效果為正。

一如本章一開始提出的第二個假設，未被解釋的年度性差異乃與規範變化的測量緊密相關。根據表4.5、4.6-1 與 4.6-2，運用表4.4 所選定的 L&K 模型（2）可以看到，相對於 1960 年，1970、1980 及 1990 年的年度性變化並無法僅由 L&K 模型（2）中的經濟與人口變項解釋。此外，表4.5 的最後三列顯示，本研究定義的規範變項，與選定的 L&K 模型（2）無法解釋的年度性差異高度相關。一旦將社會行為規範排序的虛擬變項整合進 L&K 模型，1980 之於1960 年，以及 1990 之於 1960 年的「年度」虛擬變項，便沒有統計上的差異，效果的方向甚至是相反的。

社會規範的效果相對穩定地隨著時間推進。這些社會規範的變化大部分是呈現在：和自己丈夫待在相同職業團體的已婚男性中，其育有未成年子女的妻子在就業傾向上所具有的變化。近幾十年來，丈夫職業團體中的社會規範已匯聚到最高的社會規範的層級，這或許代表了社會規範朝向「接受婦女就業」移動且已趨於平衡。在不久的未來，如果投入勞動市場工作已成為育嬰期已婚婦女的主流社會行為規範，我們可能得倒過來問，為何某些已婚婦女並未投入勞動市場。

幼兒托育供給對已婚母親在就業上的重要性已隨著時間衰退。這一結果指出，越來越多育嬰期已婚夫妻選擇透過其他安排來照顧其嬰兒。我將在下一章討論，為何有更多晚近世代的已婚婦女，即使在子女出生後的前三個月都待在家中，仍然得以保有其工作。此外，圖4.3 顯示，在所有幼兒托育工作者中，由機構聘僱的比例漸增，指出近年來幼兒托育供給對已婚母親就業率之的重要性減弱，可能反映了幼兒托育機構的勞動力效率提高。

（三）子女與人口統計特性

育有許多子女以及較多學齡前兒童，降低了育嬰期已婚婦女「正在工作」（無論工時長短）的可能。但對於子女是如何影響這些母親的就業決定，我們尚未看到一個清楚的型態。相較於 1960 年，在 1990 年育有許多子女對於母親

是否正在工作（無論工時長短）的效果最小，不過學齡前兒童數的效果則沒有變化。我們需要更多1990年之後的時間點，才能判斷子女數影響的衰退是否是一個新趨勢，或僅是一個短期的小波動。一些近期研究顯示，子女對於女性就業的效果，會受到母親先前工作經驗的影響（Duleep and Sanders, 1994; Nakamura and Nakamura, 1985a, 1985b, 1992, 1994）。可惜的是，本章使用的樣本並沒有提供適當的資訊可檢驗此論點。因此，在下一章，我必須使用一個次樣本，來研究育嬰期已婚婦女的產前工作經驗效果。

　　對育有未滿1歲嬰兒的已婚婦女來說，其在人口因素上的檢驗結果，大部分都與L&K的結果非常相似。例如：即使在模型中控制薪資所得潛能，女性教育程度與丈夫教育程度仍具有獨立的效果。這可能反映了，獲取更高教育程度也意味著擁有柯恩（1970）所提出的「工作偏好」。在1980及1990年，具有高中學歷的母親更傾向於工作：當更多婦女投入勞動市場時，具高中學歷的母親開始展現出更高的就業傾向，想像擁有大學以上學歷的母親一樣地工作。丈夫教育程度的負向效果在近年來已變得較不顯著，這可能反映了丈夫的教育程度對於家庭經濟來源的影響下降。此外，丈夫教育效果的變化可能也隱含了，具有較高教育水準的已婚男性，對於已婚婦女就業的正面態度成長較快。

　　在育嬰期的已婚婦女中，女性年齡與就業率呈正相關。這可能指出了，近年來已婚婦女更傾向持續地就業。因為當一個婦女長期不斷地工作，其離職的成本就可能比其他人更高。以年齡與「年度」虛擬變項的交互作用作為指標，本研究發現在1980年之前，育嬰期已婚婦女就業率的世代差異並不明顯，1990年的世代效果甚至大於1980年。這與郭登（1990）和希爾、歐尼爾（1992）針對所有婦女的研究及附錄3-3的簡單描述相互一致。然而，在對照表4.6-1中模型（2）與表4.6-2中模型（8）的世代效果後，我們可以總結：世代變化並無法解釋育嬰期已婚婦女的就業率增加。諸如社會規範以及幼兒托育等供給面因素的效果，不僅獨立且大於世代效果。

　　眾所皆知，黑人婦女通常比其他種族的婦女更傾向投入工作（Cain, 1966; Bell, 1974; Bumpass and Sweet, 1980; Greenstein, 1989），但近來的研究顯示，不論對所有婦女或對育兒期已婚婦女而言，黑人與非黑人婦女在就業率上的差

異已減少（Leibowitz and Klerman, 1995; Leibowitz et al., 1994; Yoon and Waite, 1994），上述觀察在本研究中也得到確認。不過表4.6-2的結果顯示，當本研究的樣本限縮在育嬰期已婚婦女時，此趨同現象直到1990年才發生。另外，雖然表4.6-1的零階模型顯示，西班牙裔母親沒有比非西班牙裔白人母親更傾向工作，但當控制其他變項後，此差異始達統計顯著性。雖然在L&K以CPS為樣本的研究中發現，非西班牙裔白人婦女與西班牙裔婦女之間勞動力參與的差異減少，但在育嬰期的已婚婦女中，此差異卻是相對穩定的。

（四）經濟因素

各州失業率與育嬰期已婚婦女「正在工作」（無論工時長短）的可能性呈負相關。在沒有控制社會規範的模型中，失業率的重要性隨著時間增加，但一如最終模型（即模型（8））所示，各州失業率的重要性增加可由社會規範的變化來解釋。

與第二章及第四章所回顧的理論一致，丈夫薪資所得潛能的效果與育嬰期已婚婦女「正在工作」（無論工時長短）的可能性呈負相關，不過，後者與女性薪資所得潛能的估計效果則呈正相關。模型（2）的經驗結果顯示，女性薪資所得潛能對女性就業率的效果，高於萊波維茲、克勒曼（1995）的預測。而在他們論文中的最終模型，經驗結果並無法拒絕虛無假設（β_w 女性薪資所得潛能的效果 = 0），[14] 這可能是因為本書採用較大的樣本，提供了更強的統計檢定力。

五、結論與討論

本研究發現指出，近來所有婦女的工作年齡模式變化與育嬰期已婚婦女的勞動力參與緊密相關。後者是所有婦女中成長最快速且持續的一群，先前研究

---

14 在表4.4的模型（1）中，亦即L&K的完全交互作用模組，一個未被報告的結果也顯示在使用我的樣本下，母親薪資所得潛能的效果也達統計顯著性。

使用的人口與經濟因素都無法確實地解釋這一趨勢。

　　藉由包含社會規範指標以及各州幼兒托育供給的估計式，本研究有助於我們提升對育嬰期已婚婦女就業率，及其隨時間的變化的理解。如果我們比較1990 與 1960 年育嬰期已婚婦女的工作比例，約莫有41% 的平均差異與社會行為規範的變化相關。而本研究提出的（4-2）模型，比過去研究提出的（4-1）基準模型，更能夠解釋1960 到 1990 年間，育嬰期已婚婦女在工作水準上的增加。在這段期間，那些有利於育嬰期已婚婦女就業的社會行為規範緩慢變化，延遲了這些已婚婦女就業率的變化。如第三章所示，這一延遲乃與 1940 到1990 年之間，婦女就業的 M 型年齡型態緊密相關。

　　社會規範的測量為本研究的一大創新，它是設計來檢驗「個人選擇」與「參考團體中的重要行為模式」之間的關係。至於各個不同社會團體內社會規範的產生與變化，值得未來做進一步的調查，並透過實證資料，詳細說明那些使社會行為規範有效影響個人社會行動的機制。

　　根據本研究的估計，1960 到 1990 年，每百名學齡前兒童的幼兒托育工作者總數是增加的。然而，在這一段時期中，對於母親投入工作的每百名學齡前兒童來說，幼兒托育工作者的平均每年都維持在 15 名左右。幼兒托育供給對育嬰期已婚婦女就業率的效果為正，隱含了幼兒托育供給的不足會限制已婚婦女在育嬰期的就業率。至於此限制與母親和子女的福祉如何相關，則需要未來更多的研究進行討論。此外，本研究也發現幼兒托育供給的效果隨時間衰退，此趨勢若不是反映了近年來幼兒托育工作者的生產力提升，便是更多的幼兒托育工作者集中於幼兒托育機構工作。

　　在控制母親與父親的薪資所得潛能後，研究證實了育嬰期已婚婦女的教育程度與其「正在工作」（無論工時長短）的可能性之間的淨正相關，也發現丈夫教育程度與婦女就業率之間的淨負相關；但丈夫教育程度的淨負向效果隨著時間而減弱，已婚婦女教育程度的淨正向效果則有所增加。對「育有學齡前兒童的已婚婦女就業」的態度，在較高教育程度的夫妻中變化得較快。而已婚婦女對其自身的就業傾向也可能隨著時間增加。當然，我們需要更多的研究來檢驗這些假設。

　　最後，育嬰期的黑人及西班牙裔已婚婦女「正在工作」（無論工時長短）的可能性高於非西班牙裔白人。對於育嬰期已婚婦女「正在工作」（無論工時長短）可能性的種族差異，雖然在 1960 到 1990 年之間，西班牙裔與非西班牙裔白人婦女「正在工作」（無論工時長短）可能性之間的差異約略相同，但到了 1990 年，黑人與非西班牙裔白人之間的差異則已減弱。

第五章

初婚年齡與工作經驗的影響

　　在本章中，將分析已婚婦女的產前工作經驗和職涯規劃改變與其產後的就業變化之間的關係。為了記錄這些關係，將探討初婚年齡與產前工作經驗的變化，以及它們對這些婦女投入勞動市場工作的機率所具有的效果。

　　如同在第二章所述，既有研究主張這兩個議題都與婦女持續工作的趨勢有關。歐本海默（1988, 1994）認為，初婚年齡是婦女就業傾向的指標，與找到一個能讓其保有婚前職涯的丈夫所花費的時間有關；而產前工作經驗則是婦女持續工作的直接指標。許多研究也主張，近來女性勞動力參與率的變化，反映出婦女在家庭建立、生產及養育子女等階段皆持續工作的比例增加（Hill and O'Neill, 1992; Shaw, 1994; Shapiro and Mott, 1994）。然而，我們需要更多的經驗證據，來確認初婚年齡與產前工作經驗對近來育嬰期已婚婦女就業成長趨勢的真正貢獻。

　　本章依議題分為兩部分，且每一個議題使用稍有不同的資料樣本來檢驗。為了分析育嬰期已婚婦女的初婚年齡與就業率之間的關係，研究使用1960、1970及1980年美國人口普查（PUMS）資料中，育有未滿1歲嬰兒的已婚婦女樣本。此樣本可與第四章所使用的樣本做比較，不過1990年的資料中沒有母親的初婚年齡，所以在此排除了1990年的樣本。

　　在本章的第二部分，以育有3個月或更小嬰兒的婦女為樣本。本書使用的所有普查資料，都包含普查時間點前一年度的就業資訊。普查前一年度的工作史只適用於指涉那些，在普查時育有3個月以下嬰兒的已婚婦女的產前工作經驗，這是因為人口普查總是在4月執行。也就是說，當婦女育有超過3個月以

上的嬰兒，前一年度的工作經驗便可能包含產後某段時期的工作狀況。此外，在1990年的PUMS資料中，因無法界定嬰兒是否是在普查時間點的前三個月內出生。因此，在本章第二部分，仍然必須把1990年的樣本排除在分析之外。

　　第二個樣本對標記育嬰假的趨勢相當有用，且也包含產後持續工作的議題。[1]因此，為了使用包含育嬰假議題的PUMS資料，以預測「正在工作」（無論工時長短）的指標來預測是否受僱（擁有工作）。如同第二章的討論，這兩個依變項各自形成的模型，其結論應該是非常相近的。

　　為了將本章的主要自變項的邊際分配變化，以及這些變項與就業率之間關聯性的變化，綜合出一個一致的敘述，我將先標示出育嬰期已婚婦女的初婚年齡、工作經驗及育嬰假的一般性趨勢，再以多變項機率單元模型來測試它們對這些婦女近來就業率變化的貢獻。研究使用1960、1970和1980年的PUMS資料及1975、1980、1985、1990年的6月份CPS資料，來對育嬰期已婚婦女的初婚年齡趨勢提供不同估計，並以此將初婚年齡趨勢的相關資訊擴展到1990年。[2]運用PUMS資料，也將標示出育嬰期已婚婦女是否受僱（擁有工作）的趨勢，以及「在產後3個月內受僱（擁有工作）」與「投入勞動市場的決定性因素」之間的關聯。至於多變項分析，我使用上一章表4.4的模型（1）作為基準模型，以估計女性初婚年齡及產前工作經驗對育嬰期已婚婦女就業率的貢獻。

1　在本書中，作者無法區分受僱（擁有工作）但在參考週並未實際工作的這些婦女是休育嬰假還是其他型態的休假。而藉由聚焦於產後最初3個月，假定所有受僱但未實際工作的母親皆是因為與孩子相關的理由，所以仍稱之為「育嬰假」。

2　我們也可以使用6月份CPS來幫助記錄1990年的工作經驗與育嬰假。不過相較於PUMS資料的可使用樣本，CPS產後3個月內的樣本規模太小；因此，在這篇論文中對於產後3個月內持續工作這一議題，本書決定不整合CPS資料與PUMS資料。萊波維茲、克勒曼（1995）在他們的最終分析中，已經放棄在他們較早的手稿（Klerman and Leibowitz, 1994）中關於育嬰假的討論，一部分可能也是受限於6月份CPS資料其可用的樣本規模。

一、婦女初婚年齡的影響

近年來，婦女初婚年齡顯著上升（Bianchi and Spain 1986; Sweet and Bumpass, 1987; Cherlin, 1992; Espenshade 1985; Oppenheimer, 1994; Rodgers and Thornton, 1985），不過在1960到1980年之間，對於育有未滿1歲嬰兒的已婚婦女而言，其初婚年齡的趨勢是相對平緩的。圖5.1顯示，育有未滿1歲嬰兒的已婚婦女之初婚年齡在1960到1980年之間幾乎沒有改變：由1960、1970及1980年的PUMS資料所估計的平均初婚年齡分別是20.0、19.6和20.4歲；其變異數在這段時間內的變化也相當小：1960年的變異數是3.6歲，1970年是3.3歲，1980年則是3.4歲。

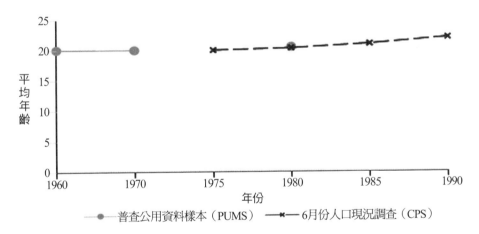

資料來源：PUMS（1960, 1970, 1980）、CPS（1975, 1980, 1985, 1990）6月份。

圖5.1：育有未滿1歲嬰兒的已婚婦女的平均初婚年齡（1960-1990）

由PUMS資料所得的結果與六月份CPS資料的估計一致：6月份CPS資料顯示，1975、1980、1985及1990年的平均初婚年齡分別是19.64、20.34、21.0及22.0歲。[3] 圖5.1顯示，在1975年之後，育嬰期已婚婦女的初婚年齡僅

3　初婚年齡的中位數在1960、1970、1980年PUMS資料中分別為19、19、20歲，在1975、1980、

有小幅增長：在 1975 到 1990 年之間約增加了兩歲。但即使初婚年齡與女性就業呈現正相關，平均初婚年齡的小幅增長顯然不是近來女性就業趨勢的主要解釋因素。

育嬰期已婚婦女在 1960 到 1980 年之間的平均初婚年齡相當穩定，顯示了對育嬰期已婚婦女來說，平均初婚年齡的變化對其近來的就業率趨勢僅有極有限的貢獻。不過，若初婚年齡與就業率的關聯性產生變化，那麼初婚年齡對婦女勞動力參與的趨勢仍可能有貢獻。[4] 可惜的是，實證結果拒絕了此可能性。

更重要的是，這些結果與從歐本海默的婚姻理論（1988, 1994）推衍出的理論假設互相矛盾。歐本海默的婚姻理論認為，近來婚姻的延遲與當代社會職業導向婦女的比例增加有關：如果男性與女性皆為職業導向，他們將更難找到適合的伴侶。因此，在其他條件不變的情況下，歐本海默的理論預測；婦女初婚年齡愈大，愈可能在婚後繼續工作。但與其預測相反，表 5.1 顯示這個由其理論所推衍出的假設是被拒絕的：[5] 表 5.1 的多變項結果發現，初婚年齡的係數方向與理論預測的方向相反。

1985、1990 年 6 月份 CPS 中分別為 19、20、20、22 歲。育嬰期的已婚婦女這一相對平緩的趨勢，一部分是因為擁有三個子女以上的已婚婦女之比例逐漸降低（即從 1960 年的 49.3% 到 1980 年的 26.8%；參照表 4.2），以及育有未滿 1 歲嬰兒的已婚婦女中黑人婦女比例的降低（即從 1960 年的 9.8% 到 1980 年的 7.5%；參照表 4.2）。此外，如果我們以那些處於年齡平均數（即在 1960 到 1980 年所有年度當中年齡為 27 歲者，參照表 4.2）來代表每一個普查年的年齡世代，史威特、邦博斯（1987: 13）以 1980 年的 PUMS 資料顯示了對於在 1933 到 1953 之間出生的世代來說，白人婦女初婚年齡的中位數變化則低於一年。而這樣的結果也符合於索頓與羅傑斯（Thornton and Rodgers, 1983）在整合 1960、1970 年 PUMS，以及 1971、1975 和 1985 年 CPS 所得的結果。

4　舉例來說，如果初婚年齡與就業率二者間是如同歐本海默（1988, 1994）的婚姻理論所認為的正關聯，那麼當女性就業變得非常普遍時，初婚年齡與就業率的關聯便可能產生衰退。

5　僅有年度虛擬項與初婚年齡的模型也顯示出初婚年齡對於就業率的效果為負。一個包含州虛擬項並可與表 4.4 的模型（8）比較的模型，也同樣得出初婚年齡的效果為負。表 5.1 並沒有呈現這些模型的結果。

表5.1：多變項概率單元模型預測：育有未滿1歲嬰兒的16至45歲已婚婦女就業率（PUMS, 1960-1980）

	模型5.1-1		模型5.1-2	
	係數	標準誤	係數	標準誤
1970年	-0.05	0.04	-0.06	0.04
1980年	-0.17	0.08	-0.18	0.08
女性的初婚年齡	--	--	-0.01	0.002
孩子的個數與年齡				
3個以上的小孩（含3個）	-0.17	0.02	-0.20	0.02
3個以上不到六歲的小孩（含3個）	-0.17	0.01	-0.16	0.02
3個以上的小孩和1970年的交互作用項	-0.07	0.02	0.07	0.02
女性的特徵				
非裔	0.43	0.02	0.44	0.02
西班牙裔	0.12	0.02	0.13	0.02
女性年齡（歲）	0.03	0.01	0.03	0.01
女性教育程度（年）	0.03	0.004	0.03	0.004
女性教育程度12年以上（含12年）	-0.04	0.03	-0.03	0.03
女性教育程度16年以上（含16年）	-0.06	0.03	-0.07	0.03
女性教育程度12年以上和1980年的交互作用項	0.16	0.03	0.16	0.03
女性年齡和1980年的交互作用項	0.01	0.002	0.01	0.002
丈夫的特徵				
丈夫的年齡（歲）	-0.008	0.006	-0.01	0.01
丈夫的教育程度（年）	-0.003	0.004	-0.003	0.004
丈夫的教育程度12年以上（含12年）	-0.03	0.02	-0.03	0.02
丈夫的教育程度16年以上（含16年）	-0.22	0.02	-0.21	0.02
丈夫的教育程度16年以上和1980年的交互作用項	0.18	0.03	0.18	0.03
經濟變項				
州失業率	-0.04	0.005	-0.04	0.005
女性薪資所得潛能（對數）	0.08	0.03	0.09	0.03
丈夫薪資所得潛能（對數）	-0.10	0.02	-0.10	0.02
與丈夫在相同職業群體中妻子就業比例（EPWHO）所界定的工作規範等級 （等級一是最小的規範，視為參考組）				
等級二	0.01	0.02	0.01	0.02
等級三	0.23	0.02	0.23	0.02
等級四	0.37	0.03	0.37	0.03
等級二和1970年的交互作用項	0.17	0.03	0.17	0.03

表5.1：多變項概率單元模型預測：育有未滿1歲嬰兒的16至45歲已婚婦女就業率（PUMS, 1960-1980）（續）

幼兒托育				
每100個學齡前兒童在其居住州的付費幼兒托育供給	0.11	0.02	0.11	0.02
付費幼兒托育和1970年的交互作用項	-0.06	0.02	-0.06	0.03
付費幼兒托育和1980年的交互作用項	-0.07	0.02	-0.07	0.02
截距	-1.31	0.21	-1.80	0.21
L^2		80572.55		80544.792
貝氏訊息標準（BIC）		-978436		-978452
自由度		92600		92599

說明：各模型的控制變項中，尚有根據1970年人口普查局分派的職業虛擬變項，以及丈夫和妻子現在年齡的平方，但未列表出來。

最後，為了檢查婦女初婚年齡影響的變化，本書檢驗了「年度」虛擬變項與初婚年齡的交互作用效果。因為初婚年齡的效果並沒有顯著變化，也就是說，此變化對產後女性就業的貢獻相當小，所以並未把此分析結果置於表5.1。

婦女初婚年齡對育嬰期已婚婦女就業率的效果為負，隱含了我們需要一個新的理論命題，以挑戰或至少能與歐本海默（1988, 1994）的婚姻理論進行對話。就初婚年齡對產後就業率的負面效果，有幾個可能的解釋。首先，由年紀較大的夫妻所建立的家庭，比較可能在生產時擁有較多財產，因此這些晚婚的婦女在產後更傾向待在家裡。其次，即使其他條件相同，參與勞動市場可能提高婦女早婚的機率，這或許是因為他們經濟更獨立，也或許是他們更有機會遇到有足以支撐家庭的經濟能力的男性。事實上，歐本海默與他的同僚也已指出，重點是婦女婚前的經濟資源而非其「職業取向」（Oppenheimer and Lewin, 1997）。最後，也可能是那些有能力找到伴侶或選擇早婚的婦女，更傾向於在家庭生育階段維持其職業生涯。[6]

不管未來研究在婚姻年齡的負向效果上發現什麼合理的理論，這些經驗結

6　假如早婚的夫妻較傾向於兩個人都工作賺錢，這一工作模式對於這些夫妻來說非常可能成為一個傳統。但也可能是有能力早婚的婦女在家庭中也擁有較多的權力，並藉由在生育階段保有工作來維持這一權力。

果已揭示——對育嬰期已婚婦女來說，初婚年齡與其近來就業率的增加無關。

二、產前女性工作經驗趨勢及育嬰假趨勢

　　圖5.2 說明了產前工作經驗的趨勢，及其與母親在產後三個月內是否工作之間的關係。從1960 到1980 年，產前十二個月內就業的已婚婦女比例由37% 增加到62%。因此，在這 20 年間，已婚婦女投入勞動市場工作的比例增加約三分之二（68%）；產前與產後三個月都在工作的比例，也增加了約三分之二（65%）。同時，產前十二個月未工作，而產後三個月卻在工作的比例增加了兩倍。整體來說，產後三個月內投入勞動市場的婦女比例從5.5% 增加至14.7%；亦即從1960 到1980 年，投入工作的母親增加了約1.7 倍。圖5.2 也顯示，育有三個月以下嬰兒且在產前十二個月內工作的已婚婦女，其產後三個月內工作的可能性增加約65%（亦即，從1960 年的14% 增加到1980 年的23%）。

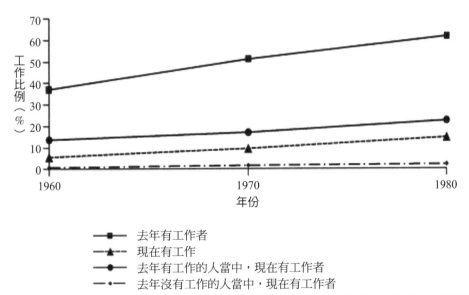

圖5.2：育有未滿3 個月嬰兒的16 至45 歲已婚婦女中，目前正在工作和去年有工作者的比例（PUMS, 1960, 1970, 1980）

　　儘管那些產前一年內並未工作的婦女，自1960到1980年其產後就業率顯著地增加，但在所有育嬰期已婚婦女中，產後三個月內工作比例的增加中，超過90%是來自產前一年內已經在工作者。

　　最後，如圖5.2所示，我們毫不意外地發現，那些產前並未就業的婦女，在產後三個月內投入勞動市場的比例非常地低。本章一開始討論的資料限制，已說明目前本研究只包含產後三個月的時期，不能延伸至產後任何其他時期。[7] 由於在產後三個月內工作，但產前並未工作的婦女比例非常低，在了解本研究的資料只限於產後的最初三個月，並參照分析中的其他變項後，我們便比較不至於低估產前十二個月內工作經驗的貢獻。此外，由於產後的最初三個月是孩子需要密集照顧的時間，因此本研究將特別留意那些能夠讓母親在此時期持續就業狀況的另一些策略。

　　假如圖4.4中對幼兒托育工作者供給的估計趨近真實趨勢，那麼一般幼兒托育供給的增加，應該會與婦女就業的增加呈現幾近相同的比例。不過，對於三個月以下的孩子來說，母親很難找到替代的照顧策略。1960、1970及1980年PUMS資料提供兩個可能的替代策略的估計資訊：育嬰假及兼職工作，這些替代策略或許可以幫助嬰兒母親解決幼兒托育的問題。

　　圖5.3顯示，育嬰假對育有3個月以下嬰兒的母親們來說已相當普遍。在勞動市場且育有3個月以下兒童的已婚婦女中，「受僱」（擁有工作）但並未在「參考週」工作的比例成長了約140%（亦即從1960年的18%到1980年的44%）。如果此趨勢持續到1990年，那麼這些婦女中，在1990年將有超過一半的人在休育嬰假。[8] 儘管從1990年的PUMS樣本無法得到足夠的資

7　雖然是有限制的假設，但育有未滿1歲嬰兒的已婚婦女在第一年進入就業市場的平均數仍是可以被估計的。舉例來說，假如我們假設產後三個月內進入一個新工作的機率，可以發生於那些最小子女4到6個月的已婚婦女當中，並假設此程序對於最小子女小於9個月的已婚婦女來說會被重複進行，最後，假設育有7到9個月大子女的婦女其進入新工作的機率是等同於育有10到12個月大子女的已婚婦女，那麼，在產前六個月不在工作的婦女當中，其在產後十二個月內開始工作的比例於1960年大約是8%，在1980年大約是14%。

8　根據喬斯奇（1995）對可用資訊的總結，有薪育嬰假仍然相當少。即使是在非常大的公司中，1989年也僅有28%提供有薪育嬰假（Galinsky, Friedman, and Hernandez, 1991）。另一個調查則指出60%的大公司是無薪育嬰假（Christensen, 1989）。美國勞工局所準備的報告指出，在1990年37%的大

訊，但我們知道自1987年起，更多新的州以及聯邦政府都已立法強制育嬰假
（Klerman and Leibowitz, 1995; Joesch, 1995）。這或許將促使公司更普遍地實行
母親的育嬰假，或者僅是（如圖5.3所示）婦女育嬰假趨勢的延續。[9]

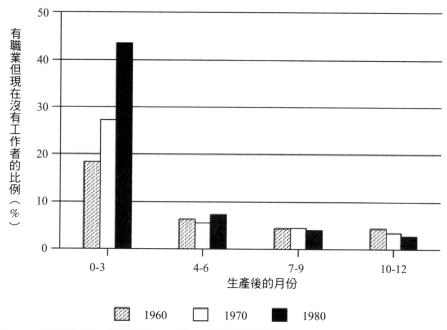

圖5.3：育有未滿1歲嬰兒的16至45歲已婚勞動婦女，有職業但未實際工作的比
　　　例：依生產後每隔三個月劃分（PUMS, 1960-1980）

　　圖5.4顯示，就產後的最初三個月來說，勞動市場中的已婚婦女於1960、
1970及1980年，在普查參考週內正在工作的比例減低：以1960年水準為基

型與中型公司提供給全職婦女就業者（扣除病假以外）育嬰假。合乎州與地方政府其無薪產假的婦
女在1992年是53%（美國勞工局，1992）。其他就業者則是以病假來含括，而這大多數也是無薪的。
美國勞工局統計報告指出，在1989年，89%全職婦女就業者是以短期傷殘保障的病假來含括。柴
辛斯基與艾伯特（Trzcinski and Alpert, 1990）指出在1到15個雇員的公司中，74%提供無薪假假。

9　州規定的育嬰假首次在1987年明尼蘇達與羅德島所實施。聯邦法令在1993年實施，保障12週的
　　育嬰假。克勒曼、萊波維茲（1995）發現立法並沒有增加育嬰期的母親之勞動供給。這可能是因為
　　在立法之前，半數以上工作中的母親就已經擁有育嬰假或病假，圖5.3標示了「育嬰假」的趨勢。

準，比例下降約30%，亦即在1980年處於工作狀況的母親，已不到育有三個月以下嬰兒的已婚就業婦女總數的一半。

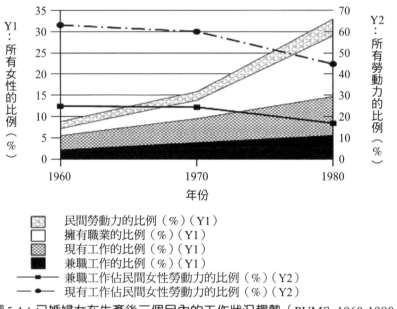

圖5.4：已婚婦女在生產後三個月內的工作狀況趨勢（PUMS, 1960-1980）

此外，圖5.4顯示這些婦女作為兼職工作者的比例也降低超過三分之一（亦即從1960年所有民間婦女勞動力的25%，到1980年的17%）。也就是說，兼職工作一般而言不是育嬰期女性採用的主要替代方式。在1960到1980年之間，對育嬰期的已婚婦女來說，兼職工作的角色變得更不重要，尤其當更多育嬰期的就業女性能夠選擇育嬰假時。

不過，民間婦女勞動力在全職與兼職工作比例的衰減，不應該與所有婦女「正在工作」的趨勢混淆。將育有三個月以下嬰兒的已婚婦女的人口組成拆解開之後，圖5.4指出，近年來有更多的婦女活躍於勞動市場之中的各個不同工作狀況。

三、工作經驗與子女數對育嬰期已婚婦女就業率的影響

近來的研究認為，我們應該考慮前一年的工作經驗，以重新估計子女數對於女性工作的負面效果（Nakamura and Nakamura, 1992, 1994; Duleep and Sanders, 1994）。其他的研究也認為，大多數晚近世代的婦女在從結婚轉換至生育、養育子女的階段時，都會持續地工作（Hill and O'Neill, 1992; Shaw, 1994; Shapiro and Mott, 1994）。也就是說，在設定產前工作經驗這一條件後，人口也不會有太大的變異。在這一節，我將工作經驗設為常數，並重新估計子女狀況或第四章的其他決定項，對女性工作的效果是否產生差異。[10]

在表5.2，多變項模型的結果與德立普、桑德斯（1994）以及中村夫婦（1992, 1994）相似。對於育有3個月以下嬰兒的已婚婦女而言，控制婦女產前十二個月內工作與否之後，會改變子女狀況對女性就業率的淨效果。在模型5.2-1中，「超過兩個子女」以及「家戶中擁有超過兩個學齡前兒童」這二個虛擬變項，對就業率皆有顯著的負向效果。不過，在模型5.2-2或5.2-3中，子女狀況變項從在5.2-1中的負向效果轉變為正值。家戶中總子女數並沒有顯著效果，家戶中其他學齡前兒童的統計檢定也無法拒絕此虛無假設，即效果 $\beta=0$。與中村夫婦（1994）的發現一致且值得注意的變化是，在控制了產前一年的工作狀況後，子女狀況效果的正負號即逆轉。

表5.2：多變項概率單元模型預測：最小小孩小於3個月的16至45歲已婚婦女於調查時正在工作的機率（PUMS, 1960, 1970, 1980）

	模型5.2-1		模型5.2-2		模型5.2-3	
	係數	標準誤	係數	標準誤	係數	標準誤
1970年	0.04	0.09	0.06	0.10	0.22	0.08
1980年	0.15	0.18	0.38	0.21	0.50	0.20
工作經驗						
在生產前一年有工作	--	--	1.33	0.05	1.32	0.04
女性的初婚年齡	-0.02	0.005	-0.02	0.005	-0.02	0.005

---

[10] 本書所控制的子女狀況變項是家戶中子女數目以及學齡前子女數目的虛擬變項。

表5.2：多變項概率單元模型預測：最小小孩小於3個月的16至45歲已婚婦女於調查時正在工作的機率（PUMS, 1960, 1970, 1980）（續）

孩子的個數與年齡						
三個以上的小孩（含三個）	-0.17	0.04	-0.02	0.05	0.03	0.05
三個以上不到6歲的小孩（含三個）	-0.09	0.04	0.06	0.05	0.02	0.04
三個以上的小孩和1970年的交互作用項	0.06	0.06	0.03	0.06	0.04	0.06
女性的特徵						
非裔	0.42	0.04	0.37	0.04	0.38	0.04
西班牙裔	0.19	0.05	0.24	0.05	0.24	0.05
女性年齡（歲）	0.01	0.02	-0.004	0.03	-0.01	0.03
女性教育程度（年）	0.01	0.01	0.002	0.01	0.003	0.01
女性教育程度12年以上（含12年）	0.03	0.07	0.03	0.08	0.02	0.08
女性教育程度16年以上（含16年）	0.14	0.06	0.12	0.07	0.11	0.07
女性教育程度12年以上和1980年的交互作用	0.09	0.07	-0.03	0.08	-0.02	0.08
女性年齡和1980年的交互作用	0.001	0.005	-0.002	0.01	-0.002	0.01
丈夫的特徵						
丈夫的年齡（歲）	0.01	0.02	0.02	0.02	0.02	0.02
丈夫的教育程度（年）	-0.01	0.01	-0.004	0.01	-0.01	0.01
丈夫的教育程度12年以上（含12年）	0.004	0.05	-0.04	0.05	-0.02	0.05
丈夫的教育程度16年以上（含16年）	-0.11	0.06	-0.08	0.07	-0.06	0.07
丈夫的教育程度16年以上和1980年的交互作用項	0.23	0.07	0.21	0.07	0.19	0.07
經濟變項						
州失業率	-0.04	0.01	-0.03	0.01	-0.03	0.01
女性薪資所得潛能（對數）	0.08	0.07	-0.009	0.07	0.01	0.07
丈夫薪資所得潛能（對數）	-0.12	0.05	-0.11	0.057	-0.12	0.06
與丈夫在相同職業群體中的妻子就業比例（EPWHO）界定的工作規範等級						
等級二	-0.05	0.04	-0.05	0.05	--	--
等級三	0.13	0.05	0.09	0.06	--	--
等級四	0.30	0.06	0.23	0.07	--	--
等級二和1970年的交互作用項	0.17	0.06	0.14	0.07	--	--
幼兒托育						
每100個學齡前兒童在其居住州的付費幼兒托育供給	0.20	0.05	0.17	0.05	0.17	0.05
付費幼兒托育供給和1970年交互作用項	-0.13	0.05	-0.12	0.06	-0.12	0.06
付費幼兒托育供給和1980年交互作用項	-0.15	0.05	-0.13	0.06	-0.13	0.06
截距	-0.85	0.51	-1.39	0.56	-1.40	0.56
L^2	13262.09		11459.86		11564.55	
貝氏訊息標準（BIC）	-210155		-211937		-211883	
自由度	22310		22308		22313	

說明：各模型的控制變項中，尚有根據1970年人口普查局分派的職業虛擬變項，以及丈夫和妻子現在年齡的平方，但未列出來。

　　如果我們把在產後三個月內「受僱」（擁有工作）的狀況加入考量，而不管婦女實際上是否在工作崗位上，那麼子女總數對育兒期已婚婦女就業的淨負向效果仍然是顯著的。表5.3用以預測產後三個月內「受僱」（擁有工作）的機率，且可與表5.2的結果比較。結合表5.3與表5.2，我發現與子女狀況變項相關的工作偏好與需求，並沒有比子女對於母親職業的負面影響來得重要。簡單來說，子女對於母親產後「受僱」（擁有工作）的負面影響，無法完全被產前十二個月的工作狀況解釋。

表5.3：多變項概率單元模型預測：最小小孩小於3個月的16至45歲已婚婦女在
　　　　調查時受僱（擁有工作）的機率（PUMS, 1960, 1970, 1980）

	模型5.3-1[1]		模型5.3-2[2]		模型5.3-3	
	係數	標準誤	係數	標準誤	係數	標準誤
1970 年	0.07	0.08	0.11	0.09	0.33	0.08
1980 年	0.28	0.16	0.16	0.19	0.37	0.19
工作經驗						
在生產前一年有工作	--	--	1.41	0.04	1.41	0.04
女性的初婚年齡	-0.01	0.004	-0.02	0.005	-0.02	0.005
孩子的個數與年齡						
三個以上的小孩（含三個）	-0.32	0.04	-0.15	0.05	-0.16	0.05
三個以上不到6歲的小孩（含三個）	-0.15	0.04	-0.03	0.05	-0.13	0.05
三個以上的小孩和1970年的交互作用項	0.12	0.05	0.06	0.06	0.07	0.06
女性的特徵						
非裔	0.46	0.04	0.41	0.04	0.42	0.04
西班牙裔	0.16	0.04	.22	0.05	0.23	0.05
女性年齡（歲）	0.05	0.02	0.07	0.02	0.07	0.02
女性教育程度（年）	0.03	0.01	0.02	0.01	0.02	0.01
女性教育程度12年以上（含12年）	0.04	0.07	-0.02	0.07	0.11	0.06
女性教育程度16年以上（含16年）	-0.15	0.06	0.12	0.06	-0.03	0.07
女性教育程度12年以上（含12年）和1980年的交互作用項	0.34	0.06	0.19	0.07	0.11	0.06
女性年齡和1980年的交互作用項	0.001	0.004	-0.001	0.005	-0.001	0.005
丈夫的特徵						
丈夫的年齡（歲）	0.03	0.01	0.02	0.02	0.02	0.02

表5.3：多變項概率單元模型預測：最小小孩小於3個月的16至45歲已婚婦女在
　　　　調查時受僱（擁有工作）的機率（PUMS, 1960, 1970, 1980）（續）

丈夫的教育程度（年）	-0.01	0.01	-0.001	0.01	-0.003	0.01
丈夫的教育程度12年以上（含12年）	0.03	0.04	-0.001	0.06	-0.0003	0.05
丈夫的教育程度16年以上（含16年）	-0.23	0.05	-0.20	0.05	-0.19	0.06
丈夫的教育程度16年以上（含16年）和 1980年的交互作用項	0.27	0.06	0.25	0.06	0.22	0.06
經濟變項						
州失業率	-0.02	0.01	-0.01	0.01	-0.004	0.01
女性薪資所得潛能（對數）	0.07	0.06	-0.03	0.07	-0.03	0.07
丈夫薪資所得潛能（對數）	-0.11	0.05	-0.10	0.05	-0.11	0.05
與丈夫在相同職業群體中妻子就業比例的規範等級（等級一為參考組）						
等級二	-0.03	0.04	-0.03	0.04	--	--
等級三	0.21	0.05	0.19	0.05	--	--
等級四	0.38	0.05	0.32	0.06	--	--
等級二和1970年的交互作用項	0.21	0.05	0.19	0.06	--	--
幼兒托育						
每100個學齡前兒童州內付費幼兒托育供給	0.17	0.05	0.14	0.05	0.13	0.05
付費幼兒托育供給和1970年的交互作用項	-0.12	0.05	-0.10	0.06	-0.10	0.06
付費幼兒托育供給和1980年的交互作用項	-0.14	0.05	-0.12	0.06	-0.12	0.06
截距	-1.99	0.46	-2.67	0.52	-2.69	0.52
L^2		17406.60		14255.796		14350.6618
貝氏訊息標準（BIC）		-206011		-209142		-209067
自由度		22310		22308		22313

說明：[1] 各模型的控制變項中，尚有根據1970年人口普查局分派的職業虛擬變項，以及丈夫和妻子現
　　　　在年齡的平方，但未列表出來。
　　　[2] 模型5.3-2和5.3-3包含了「最後一年的工作經驗和1980年的交互作用項」，但並沒有在本表
　　　　呈現。

　　最後，表5.2與5.3的結果也指出，工作經驗並不能完全解釋已婚婦女產
後就業趨勢的變異，即使是針對育有3個月以下嬰兒的已婚婦女也是如此。本
書所提出的主要變項——社會規範指標以及幼兒托育供給——都足以捕捉產前
工作狀況以外的淨變異。在未控制社會規範指標的情況下，如同模型5.2-3與
模型5.3-3所見，淨年度對婦女產後就業的差異仍然是可見的。

在產後三個月，年齡較長或擁有較高教育程度的已婚婦女較傾向於「受僱」（擁有工作），但並沒有比較傾向於「正在工作」；丈夫年齡與教育程度的效果則不穩定。較年長男性的妻子比較傾向於在產前工作，也傾向在產後的三個月內「受僱」（擁有工作），但並沒有比較傾向於「正在工作」。大學畢業男性的妻子在產後的三個月內比較不傾向於「受僱」（擁有工作）；但到了1980年，丈夫教育程度對妻子產後就業率及「受僱」（擁有工作）機率的效果為正。種族差異、州失業率及丈夫的薪資所得潛能也說明了樣本中的重要變異，但女性的薪資所得潛能係數與零值並沒有達到統計上的顯著差異。

不管模型是否控制了產前工作狀況，表5.2與表5.3顯示女性薪資所得潛能對育嬰期已婚婦女就業率的影響效果並沒有統計顯著性。如在第四章的理論性討論，這一結果指出了，收入效果與薪資效果（或替代效果）的大小可能差不多。也就是說，在1960與1980年之間，女性薪資率的變動並未改變育有3個月以下幼兒的母親工作的機率。

以模型5.2-2與5.3-2為基礎，本書進一步增加了交互作用項，以檢驗產前一年的工作經驗與產後就業率的關聯是否有所改變。表5.4顯示，以預測就業率的模型來看，在1960到1980年之間，二者的關聯性並未改變。表5.4第二組的完整模型是用以與模型5.3-2比較的模型，但它包含了「年度虛擬變項」與「普查前一年度的工作經驗」的交互作用項。此模型顯示，1979年的已婚婦女在產後「受僱」（擁有工作）的機率高於1959年的機率。這個結果指出，當更多工作提供了育嬰假，它可能增加了已婚婦女在生育階段持續「受僱」（擁有工作）的機會。

表5.4：多變項概率單元模型預測：育有3個月以下嬰兒的16至45歲已婚婦女正在工作和受僱（擁有工作）的機率（控制生產前一年度工作變化的效果）（PUMS, 1960-1980）

	虛無模型		完整模型	
	係數	標準誤	係數	標準誤
預測正在工作[1]				
1970 年	0.27	0.08	0.15	0.12
1980 年	0.40	0.08	0.43	0.21
在生產前一年有工作	1.31	0.06	1.40	0.06
在生產前一年有工作和1970 年的交互作用項	-0.12	0.09	-0.12	0.09
在生產前一年有工作和1980 年的交互作用項	-0.05	0.09	-0.09	0.09
L^2	11856.39		11455.89	
貝氏訊息標準（BIC）	-211831		-211931	
自由度	22337		22307	
預測受僱（擁有工作）[2]				
1970 年	0.15	0.07	-0.03	0.11
1980 年	0.33	0.07	0.08	0.20
在生產前一年有工作	1.29	0.05	1.33	0.06
在生產前一年有工作和1970 年的交互作用項	0.13	0.08	0.16	0.08
在生產前一年有工作和1980 年的交互作用項	0.49	0.08	0.43	0.08
L^2	14743.01		14251.73	
貝氏訊息標準（BIC）	-208945		-209225	
自由度	22337		22307	

說明：[1] 預測正在工作的完整模型包含了模型5.2-2 中提到的所有變項。
　　　[2] 預測受僱（擁有工作）的完整模型包含了模型5.3-2 中提到的所有變項。

四、結論

　　此章討論了在第四章使用 PUMS 資料時沒有完全含括的，有關已婚婦女持續工作的議題。藉由前一章使用的兩個 PUMS 次樣本，討論了三個主要議題，它們分別是：歐本海默（1988, 1994）婚姻理論隱含的女性初婚年齡效果，女性產前的工作經驗，和育嬰假的變化。

　　本章的第一部分發現，女性初婚年齡的變化並未加強育嬰期已婚婦女近期

就業率的增加。育嬰期已婚婦女的平均初婚年齡，在1960到1980年間並無太大改變，而女性初婚年齡與育嬰期已婚婦女就業率之間的關聯也沒有改變。

本書也指出女性初婚年齡與育嬰期已婚婦女的就業率呈負相關。這一負向效果與由歐本海默（1988, 1994）延遲婚姻理論所發展出的假設矛盾。還需要更多的經驗證據，來檢驗我在解釋婚姻時間與女性就業之間的負相關時所提出的理論推測。

其次，本章使用育有3個月以下嬰兒的已婚婦女樣本，來記錄女性產前工作經驗，以及「受僱」（有工作）但未於參考週工作的趨勢。這一來自PUMS的次樣本顯示，產後就業率的增加，有三分之一是與「已婚婦女產在前十二個月內工作的比例增加」相關。在育有3個月以下嬰兒的已婚就業婦女中，於參考週受僱（擁有工作）但並未實際工作的比例，從1960年的18%增加到1980年的44%。因1987年以來各州與聯邦紛紛立法，此增加趨勢應該會延續至1990年代。產後的最初三個月是兒童發展的最重要時期，在此期間請育嬰假的現象也已大量增加（見圖5.3）。

在處於民間勞動力且育有3個月以下嬰兒的已婚婦女中，工作狀況的組成在1960到1980年間有了顯著的改變：全職與兼職工作的婦女比例約減少了三分之一。在民間已婚婦女勞動力中，於產後的前三個月擁有兼職工作的比例衰退，甚至超過擔任全職工作者的衰退比例。

關於子女狀況對產後投入勞動市場的機率的影響，多變項分析結果並不一致。對預測產後三個月內婦女就業率的模型來說，其結果與德立普和桑德斯（1994）及中村夫婦（1992, 1994）一致。而在控制女性產前工作經驗的模型中，子女狀況變項失去了解釋力，且其係數轉變為正值。不過，對於預測產後三個月內「受僱」（擁有工作）的機率單元模型，即使在控制了產前工作經驗的模型中，家戶子女總數仍然顯示了很強的負向效果。

產前工作經驗的多變項結果與我先前的討論一致：在控制女性產前工作經驗後，我發現諸如社會規範以及幼兒托育供給等供應面因素，對於產後就業率的影響效果仍然顯著。這多變項結果也指出，女性薪資率的變化在1960到1980年之間，尚未成為育嬰期已婚婦女繼續保有工作的主要誘因。

　　最後，產後就業率與產前工作經驗之間的關聯，在1960到1980年之間仍相當穩定。不過證據顯示，對工作中的母親來說，育嬰假的普及導致1970與1980年，產前工作對「婦女在產後受雇（擁有工作）的機率」的效果增強。

　　克勒曼、萊波維茲（1995）認為此立法並未增加女性勞動供給，但在這個新法案於1987年首次通過之前，育嬰假或許早已顯著增加了婦女在產後繼續保有其工作的機會。

　　總結上述結果，近年育嬰期已婚婦女較傾向於在轉換生命歷程階段時持續其職涯。不過，生產前後持續工作的機率上升，不僅增加了近來育嬰期已婚婦女的就業率，對育有3個月以下嬰兒的婦女來說亦是如此。其他諸如幼兒托育以及社會規範等供給面因素，不僅增加了已婚婦女一邊育嬰、一邊持續工作的機率，也增加了那些在產前停止工作（或之前不曾工作）的已婚婦女的產後就業率。

　　對於育有3個月以下嬰兒的已婚婦女就業率，我並未發現任何世代效果，即使未控制產前工作經驗亦是如此。拒絕育嬰期已婚婦女的世代效果也隱含了晚近世代婦女漸增的職業取向，對於其產後立即投入工作的可能性無直接影響。雖然我們很遺憾地未能使用初婚年齡作為晚近世代婦女婚前計畫之職業取向指標，但上述發現卻也讓我們對此遺憾稍加釋懷。

第六章

態度及生命週期

　　這一章，將分析已婚婦女對家庭角色的態度與意向的變化，如何增加其產後的勞動力參與。育嬰期已婚婦女就業比率緩慢增加的事實，指出了對子女的關注在已婚婦女就業行為上的重要性。本書使用既有的調查資料來涵蓋已婚婦女對兩個子女議題的態度：首先，家庭中子女數是否達到其「意願生育的子女總數」；第二，孩子的母親投入勞動市場，是否會「對學齡前兒童有負面的影響」（PCWS）。如第二章所回顧，先前的研究認為這兩個態度指標，都顯示了已婚婦女對其在生養子女上的角色評估，與他們在生育和養育子女的階段是否維持職業有關。為了研究這一議題，使用1970及1975年的兩波全國生育調查（National Fertility Survey, NFS）資料，以及1987至1988年與1992至1994年的兩波全國家庭及住戶調查（National Survey of Families and Households, NSFH）資料。

　　社會心理學者認為，對目標行為的態度與對主觀社會規範的預期，兩者對預測社會行為及其變化同等重要（Ajzen, 1985, 1988; Chaiken and Stangor 1987; Eagly and Chaiken, 1993; Fishbein and Ajzen, 1975; Hill, 1992; Schuman, 1995，也請見附錄6-1）。如先前章節所指出，社會行為規範的變遷與育嬰期已婚婦女的近期就業趨勢密切相關。許多論文也提出，在本書所研究的同一時期中，男性與女性對性別角色態度都有顯著的變化（Mason, Czajka, and Arber, 1976; Mason and Lu, 1988; Thornton, 1989; Thornton, Alwin, and Camburn, 1983; Thornton, and Freedman, 1979）。為了更完全了解育嬰期已婚婦女工作模式的近來變化，我們需要檢驗婦女態度的變化與育嬰期已婚婦女就業率間的相關性。

使用第二章所界定的「對學齡前兒童有負面影響」（PCWS），我把焦點放在已婚婦女對「母親在幼兒托育角色及就業間的可能矛盾」所具有的態度。如第二章所回顧，先前的研究尚未對這兩個趨勢間的關係提供一個令人滿意的答案。

　　本章的第二個關注點是，家庭生命週期對已婚婦女產後就業的效果。相對於母親對於帶子女的責任評估所產生的效果，這個由婦女「意願生育的子女總數」所定義的家庭生命週期效果，目的在測定「婦女對懷孕育嬰計畫（責任）的評估」的重要性。偉特（1980）強調家庭生命週期對已婚婦女勞動力參與的重要性，並認為已婚婦女在家庭完成階段就業所產生的效益，高於生育階段就業的效益。然而當偉特（1980）發現其預期效果時，他並沒有詳細說明家庭完成階段的效益內容。我揣測相較於生育階段，家庭完成階段的已婚婦女較有可能尋求一個持續的職業生涯，也對此有較好的心理準備。不過，如我在第二章所指出，我們還需要更多針對育嬰期已婚婦女的研究，來重新檢驗偉特（1980）的理論與證明。如果本研究能確認家庭完成階段對育嬰期已婚婦女的效果，那我便可進一步去檢驗：對這些婦女而言，此一與生育相關的家庭生命週期效果的重要性是否隨時間改變（Michael, 1985）。此外，我也可以檢驗這一變化與已婚婦女近來就業趨勢的關係，而這正是本書的關注點。

一、研究設計與變項

　　為了估計「母親於勞動市場工作對學齡前兒童影響的認知」的效果，我將焦點放在「對學齡前兒童有負面影響」（PCWS）這一項目上。這一個由婦女在第一次訪談時回答的項目，是用來預測：在第一次與第二次訪談之間生產子女的母親，在產後十二個月內的任何就業率。被用來界定「家庭完成」生命歷程階段的「意願生育的子女數」，在加入時間延滯後，也以類似上述的設計來估計。藉由在模型中增加態度及指涉家庭完成階段的變項，並控制那些可與第四、第五章主要變項相比的變項，便能夠分析這兩個新變項對近來女性就業變化的淨效果。

　　本章檢驗的經驗證據是用以測試兩個假設，它們關於已婚婦女在產後工作

與其想要養育更多子女的意願之間，或是前者與其對「女性就業是否會對學齡前兒童有負面影響」的信念之間的可能衝突。

　　假設6-1：育嬰期母親的就業率與其認知到「母親就業對學齡前兒童的負面影響」呈負相關。

　　假設6-2：如果育嬰期的已婚婦女已經達成「意願生育的子女總數」，則其就業率較高。

　　由於「母親就業對於學齡前兒童有負面影響」的認知減弱，假設6-1隱含了，對「母親工作具負面影響」的認知改變，可能與育嬰期已婚婦女就業增加的趨勢有關聯。假設6-1預期此認知與社會行為規範無關，因為社會行為規範是指：與其丈夫在相同職業團體中工作的已婚男士之妻的就業型態（以下稱EPWHO）。假如社會行為規範與「母親就業對學齡前兒童有負面影響」的態度緊密相關，那麼社會行為規範對就業率的效果將會降低，或可由態度變項的效果來替代。不過，依據下述理由，極不可能是此狀況。

　　首先，以EPWHO所估計的社會行為規範，可指涉限制育嬰期已婚婦女行為的多面向社會期待，而不只是「母親就業對學齡前兒童有負面影響」的認知層面影響。其次，我們的社會行為規範變項所指涉的社會價值可能與「女性就業對嬰兒的認知性影響」並不重疊。例如，丈夫職業團體中的行為模式所傳達的社會期待可能是指「社會正當性」，相對於「母親就業可能對學齡前兒童有負面影響」的認知，此「社會正當性」可能具有獨特的影響。伊文斯、梅森（1995）認為，「正當性」與「負面影響」乃是性別角色態度的兩個不同面向。另一方面，著名的費斯賓—阿杰恩模型（Fishbein-Ajzen model）（參照Ajzen, 1985, 1988; Chaiken and Stangor 1987; Eagly and Chaiken, 1993; Fishbein and Ajzen, 1975; Hill, 1992; Schuman, 1995）認為，主觀的行為規範與對行為的態度受到不同信念的影響；前者與對社會規範的信念相關，後者則與對行為結果的信念相關（參照附錄6-1）。基於以上理論，本書預期：「母親就業對學齡前兒童有負面影響」的認知與社會規範，兩者對有薪工作的決定皆有獨立的效果。

　　假設 6-2 是用以檢驗：家庭完成階段對育嬰期已婚婦女哺育期就業率所具有的效果。偉特（1980）提出的證據並沒有區分這些處於家庭完成階段的已婚婦女，在其家戶中是否正育有處於哺育期的嬰兒。假設 6-2 的測試對於標示出偉特（1980）其理論所能運用的範圍限制是相當有幫助的。

　　表 6.1 顯示了由 NFS 與 NSFH 資料所估計的變項的定義與描述性統計。本章的目標樣本是那些在 NFS 與 NSFH 中，在第一次與第二次訪談間生育，且第一次訪談時年齡介於 16 到 45 歲的已婚婦女。相較於先前章節所使用的樣本，來自 NFS 與 NSFH 資料的樣本數很少。因此，本章的多變項估計較前幾章不穩定。不過，除了「態度」與「生命週期階段」等新變項之外，表 6.1 大多數的變項都可與第四章中，由 PUMS 界定的變項比較。而從表 6.1 與第四章中的表 4.2 也可以清楚看到，來自 NFS 以及 NSFH 資料的解釋變項分配，與這些變項在 PUMS 資料的分配大致雷同。而由於上述的時間延滯與 1975 年 NFS 的樣本限制，種族效果及平均工作比率與先前章節中的不盡相同。

表6.1：預測產後工作模型中的依變項和解釋變項的平均值（在 1970 和 1975 年兩次全國生育調查，以及 1987 至 1988 年和 1992 至 1994 年全國家庭與住戶調查期間，育有未滿 1 歲嬰兒的 16 至 45 歲已婚婦女）

	兩項調查合併		全國生育調查 1970 至 1975 年		全國家庭與住戶調查 1987 至 1994 年	
	平均數	標準誤	平均數	標準誤	平均數	標準誤
依變項						
工作比例	0.39	0.47	0.30	0.46	0.55	0.46
態度						
母親工作對學齡前兒童有負面影響（支持）	0.59	0.47	0.73	0.44	0.36	0.44
生命週期階段						
不想要有更多的小孩	0.61	0.49	0.58	0.49	0.61	0.50
孩子的個數與年齡						
三個以上的小孩（含三個）	0.36	0.46	0.39	0.49	0.30	0.42
三個以上不到 6 歲的小孩（含三個）	0.18	0.37	0.19	0.39	0.15	0.33

表 6.1：預測產後工作模型中的依變項和解釋變項的平均值（在1970 和 1975 年兩次全國生育調查，以及1987 至 1988 年和 1992 至 1994 年全國家庭與住戶調查期間，育有未滿1 歲嬰兒的 16 至 45 歲已婚婦女）（續）

女性的特徵						
白人	0.95	0.21	--	--	0.87	.31
女性年齡（歲）	27.13	4.77	26.04	4.44	29.02	4.74
女性教育程度（年）	12.90	2.21	12.65	2.02	13.34	2.41
女性教育程度 12 年以上（含 12 年）	0.86	0.33	0.85	0.36	0.89	0.29
女性教育程度 16 年以上（含 16 年）	0.20	0.39	0.15	0.36	0.29	0.42
丈夫的特徵						
丈夫的年齡（歲）	29.28	5.43	28.38	5.19	30.87	5.48
丈夫的教育程度（年）	13.23	2.36	13.14	2.44	13.38	2.23
丈夫的教育程度 12 年以上（含 12 年）	0.87	0.33	0.85	0.36	0.90	0.27
丈夫的教育程度 16 年以上（含 16 年）	0.26	0.42	0.24	0.43	0.29	0.41
經濟變項						
州失業率	4.94	1.39	4.29	0.80	6.08	1.45
女性薪資所得潛能（對數）	9.22	0.37	9.05	0.35	9.51	0.22
丈夫薪資所得潛能（對數）	9.92	0.30	9.93	0.34	9.89	0.24
與丈夫在相同職業群體中工作的妻子就業型態（EPWHO）的規範等級						
等級一（最小的）	0.06	0.23	0.10	0.30	0.00	0.00
等級二	0.34	0.46	0.53	0.50	0.01	0.11
等級三	0.22	0.40	0.33	0.47	0.03	0.15
等級四	0.37	0.47	0.04	0.20	0.96	0.19
幼兒托育						
每 100 個學齡前兒童在其居住州的付費幼兒托育供給	3.67	2.00	2.43	1.17	5.85	1.28
女性初婚年齡	20.39	2.89	19.62	2.11	21.74	3.41
樣本大小	1325(100%)		789(60%)		536(40%)	

在本章中，「工作比率」這一依變項指的是，在產後十二個月內就業的已婚婦女的累積比率。[1] 在前面的章節裡，我是隨機選擇處於這十二個月內各

---

[1] 不管是在 NFS 或 NSFH 資料中，第二次訪談時間前十一個月內才生育的案例被我們排除在分析之外。

個階段的婦女樣本案例。如果產後最初幾個月的就業率低於其他月份（參照
Leibowitz and Klerman, 1995），這一章的研究設計便可能比先前的章節出現更
高的就業母親比率。[2] 如表6.1，當1970與1988年的就業母親比率以本章的累
積定義來估計時，它們比在先前各章所定義的1970與1990年的估計值高出幾
乎10%到13%。

1975年的NFS資料排除了黑人受訪者，因此，為了運用本章的研究設
計，我們必須將黑人婦女從所有NFS樣本中一併排除。但藉由增加「白人」
這一虛擬變項，並將NSFH資料中的非西班牙裔白人樣本編碼為1，我在樣本
中仍然保有來自NSFH資料的非白人案例，以確保統計檢定力並提供最終分
析一些種族差異上的有限資訊。而從表4.2的第三欄中可看到，相較於PUMS
的估計，將黑人婦女從樣本中排除導致了較高的婦女教育水準（見表6.1的第
二欄）。

為了排除「意願生育的子女總數」的可能效果，並估計家庭完成階段的淨
效果，我在模型中納入「意願生育的子女總數」作為控制變項。其他經濟變
項，諸如「州失業率」、「女性薪資所得潛能」及「丈夫薪資所得潛能」等，是
使用1964到1995年的3月份CPS和1960、1970、1980與1990年的PUMS資
料，並以第二章與第四章所描述的程序來加以建構。而本章置入的社會行為規
範排序，也使用和先前各章相同的程序來建構：對於NFS資料的樣本，以先
前各章用來分析1970年PUMS樣本的社會行為規範排序組合為標準，將受訪
者丈夫的職業置入其中；而對於NSFH資料的樣本，則以先前各章用來分析
1980年PUMS樣本的社會行為規範排序組合為標準。先前各章用以分析1970
與1980年PUMS資料的經濟變項與幼兒托育，我們也也運用了NFS及NSFH
資料來將其置入模型，以建構可在本章比較的控制變項。

本章結尾會使用一多變項模型，來估計育嬰期已婚婦女在1970及1988年

2　我選擇在NFS與NSFH資料中第一次訪談時年齡為16到45歲的已婚婦女，以建構可與PUMS資
　料所建構變項相比較的工作比例變項。這麼做之後，我發現1970年NFS資料中育有未滿1歲嬰兒
　的婦女其工作比例是0.16，而1987至1988年NSFH資料其比例是0.44，這符合於表4.2的估計。
　在表4.2中，1970與1990年的比例分別是0.17與0.43。

對 PCWS 項目態度效果的變化。在此，我們維持上述大多數變項的界定，但只有育嬰期已婚婦女的特性被用來估計這一變化。[3]

二、母親就業對學齡前兒童的負面影響認知與達成意願生育子女總數的改變

關於「母親就業對學齡前兒童有負面影響」的認知，在1970與1980年代已顯著衰退（Mason, Czajka, and Arber, 1976; Mason and Lu, 1988; Thornton, 1989）。使用來自 GSS、NFS 及 NSFH 資料的 PCWS 項目，我將聚焦於可與 NFS 和 NSFH 樣本相比較的樣本，亦即年齡16 到45 歲的已婚婦女，來描述這一趨勢。透過這樣的作法，便可將我們對此趨勢的了解擴展至1990 年代，以檢驗這個變化是否持續。此外，在調查認知變化及其效果前，我們可以檢查由這三個資料來源所估計的趨勢的一致性。依照先前研究的作法（Mason and Bumpass, 1975; Mason and Lu, 1988; Thornton, 1989），當人們顯示支持態度時，PCWS 項目的虛擬變項被編碼為 1。[4] 圖6.1 結合了來自1970 年 NFS、1987 至1988 年 NSFH 與1977 至1996 年 GSS 資料的 PCWS 虛擬變項，顯示了1970 到1996 年，「母親就業對學齡前兒童有負面影響」的認知的變化。

---

[3] 某些經驗研究已經被用來估計丈夫特質對於母親是否相信就業會對學齡前兒童有負面影響。不過，這些樣本並未確認任何這樣的效果。

[4] 值得注意的是，相較於先前的研究（Mason and Bumpass, 1975; Mason and Lu, 1988; Thornton, 1989），本研究的虛擬變項是相反編碼的。不過，對於那些沒有強烈態度的人們，在對比「支持」與「不支持」團體的多變項估計時顯示，婦女在「不支持」這一項目的團體，它與沒有任何意見的團體並沒有統計上的差異。因此，我在最終分析當中移除了「不支持」團體這一區分，以讓符合多變項分析的小樣本避免減少一個自由度。

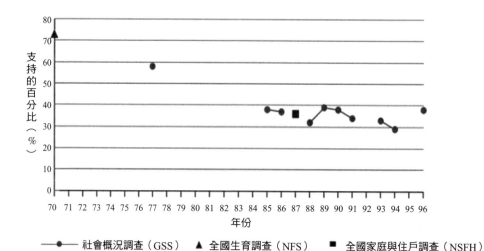

資料來源：本圖資料是來自於社會概況調查（GSS）1977 至 1996 年的合併數據，全國生育調查
（NFS）1970 年的數據，以及全國家庭與住戶調查（NSFH）1987 至 1988 年的數據。

圖6.1：16 至 45 歲已婚婦女支持「母親工作對學齡前兒童受有負面影響」
（PCWS）的變化趨勢（1970-1996）

　　圖6.1 中，小點線指的是基於 GSS 資料的估計，而小三角與小四方形指的
是由 NFS 與 NSFH 資料所估計的態度水準，三個資料組的估計所描繪的趨勢
彼此一致。支持 PCWS 項目的百分比在 1977 年是 58%，在 1985 年是 38%。
也就是說，1977 年支持「母親就業對學齡前兒童有負面影響」這一認知的觀
察水準，與 1985 年 GSS 資料和 1970 年 NFS 資料的觀察水準之間的線性內插
值大致符合。在 NSFH 資料中，年齡介於 16 到 45 歲的婦女，36% 認同此負面
影響，這也十分符合 GSS 資料自 1985 年以來所觀察到的相對平緩趨勢。這些
一致的結果，支持我們僅使用 NFS 與 NSFH 資料來做進一步調查。

　　圖6.1 顯示，「母親就業對學齡前有負面影響」的認知，自 1970 到 1985 年
劇烈減弱。如 NFS 所估計，在 1970 年，16 到 45 歲已婚婦女支持 PCWS 項目
的比例大約是四分之三（73%）。而在 1985 年之前，支持相同陳述的婦女比例
已從四分之三減少到低於 40%，NSFH 資料中的水準同時僅有 36%。不過，過
去研究（例如 Mason and Lu, 1988; Thornton, 1989）都沒有指出的是，此衰退

趨勢自 1985 年後便沒有繼續，或至少已趨緩。[5] 到了 1990 年代，仍有約三分之一處於生育年齡的已婚婦女相信，母親就業會對學齡前兒童有負面影響。生育階段已婚婦女支持 PCWS 項目的比例，甚至自 1994 年的 29% 增加到 1996年的 38%，約增加三分之一。我們需要更多未來的資訊，以查看此態度是否有逆轉的趨勢，或僅是穩定期的雜訊而已。

在 1970 到 1988 年之間，「意願生育的子女總數」僅有微幅改變。對於白人已婚婦女來說，在最近的子女出生後便無意願再生子女的夫妻比例，在1970 及 1975 年是 58%，而在 1990 年增加到 60%。而這些圖表仍未能回答，家庭完成階段與產後就業率之間是否有顯著相關。基於第四章所發展的模型，下一節的多變項分析可以幫助回答上述問題，並估計「母親就業對學齡前兒童有負面影響的認知態度」所具有的淨效果。

三、態度及生命週期對育嬰期已婚婦女就業率的影響

表 6.2 的第一欄，稱為「模型 6.2-0」，它以每一行的單獨參數和年度虛擬變項來顯示所有模型的結果。[6] 在比較這些結果與其他多變項模型之前，我們已看到家庭完成生命歷程階段，並沒有增加育嬰期已婚婦女的就業率。偉特（1980）認為此階段對女性就業具有效益，但結果並不明顯，亦即在家庭完成階段就業的女性並不比處於生育階段的家庭來得多。在一未發表的模型中，本書發現在模型 6.2-0 的生命週期階段效果中，加入代表子女數目與年齡的變項，可以拒絕由模型 6.2-0 所顯示的，生命週期階段的負效果。

5　索頓（1989）已經指出，在婚姻、離婚及無子女這些領域中，對於主張平等態度之重大趨勢並未擴展到 1980 年代。他稱這一態度的穩定性為「態度停滯化」（參照 Smith, 1990）。不過，索頓並未預測「態度停滯化」會擴展到與性別角色相關的態度。

6　在模型中控制了同一組變項。為了解所控制變項的正確資訊，請參閱表 6.2-1 的註解。

表6.2：概率單元模型預測：產後12個月內的就業率（在全國生育調查1970至
1975年兩次調查之間，以及全國家庭與住戶調查1987至1988年和1992
至1994年兩次調查之間，育有未滿1歲嬰兒的16至45歲女性）

	零級模型 6.2-0[1]		模型 6.2-1[2]		模型 6.2-2	
	係數	標準誤	係數	標準誤	係數	標準誤
1988 年	0.70	0.07	0.34	0.25	0.52	0.24
態度						
母親工作對學齡前兒童有負面影響（PCWS）（支持）	-0.56	0.08	-0.51	0.08	--	--
生命週期階段						
不想要有更多的小孩	-0.28	0.08	-0.14	0.08	-0.11	0.08
孩子的個數與年齡						
三個以上的小孩（含三個）	-0.56	0.08	-0.35	0.13	-0.38	0.13
三個以上不到6歲的小孩（含三個）	-0.48	0.10	-0.07	0.14	-0.11	0.14
女性的特徵						
白人	-0.16	0.16	-0.44	0.18	-0.43	0.18
女性年齡（歲）	-0.04	0.07	0.05	0.1	0.09	0.10
女性教育程度（年）	0.08	0.02	0.12	0.03	0.13	0.03
女性教育程度12年以上（含12年）	-0.16	0.20	0.29	0.2	0.24	0.20
女性教育程度16年以上（含16年）	0.12	0.14	-0.21	0.21	-0.18	0.21
丈夫的特徵						
丈夫的年齡（歲）	-0.12	0.05	-0.16	0.08	-0.05	0.03
丈夫的教育程度（年）	0.01	0.01	-0.05	0.03	0.05	0.16
丈夫的教育程度12年以上（含12年）	-0.19	0.14	0.02	0.16	-0.11	0.15
丈夫的教育程度16年以上（含16年）	0.15	0.14	-0.18	0.15	-0.17	0.08
經濟變項						
州失業率	-0.04	0.03	-0.05	0.03	-0.05	0.03
全職女性的收入機會（對數）	0.47	0.14	-0.37	0.25	-0.36	0.24
全職丈夫的收入機會（對數）	-0.43	0.13	0.14	0.21	0.11	0.21
與丈夫在相同職業群體中工作的已婚婦女就業型態（EPWHO）規範						
等級二	0.45	0.18	0.37	0.19	0.41	0.19
等級三	0.51	0.19	0.43	0.2	0.47	0.20
等級四	0.60	0.24	0.54	0.26	0.55	0.25

表6.2：概率單元模型預測：產後12個月內的就業率（在全國生育調查1970至
　　　　1975年兩次調查之間，以及全國家庭與住戶調查1987至1988年和1992
　　　　至1994年兩次調查之間，育有未滿1歲嬰兒的16至45歲女性）（續）

幼兒托育						
每100個學齡前兒童在其居住州的付費幼兒托育供給	0.04	0.03	0.03	0.03	0.04	0.03
女性初婚年齡	0.04	0.01	0.003	0.02	0.0003	0.02
截距	--	--	2.79	1.99	2.10	1.97
L^2	--		1545.08		1585.18	
貝氏訊息標準（BIC）	--		-7,808		-7,775	
自由度	--		1301		1302	

說明：[1] 每個零級模型6.2-0都控制了「1988年」這個虛擬變項。「女性年齡」和「丈夫年齡」的結果是從一個控制年齡平方的模型來的。教育效果的結果是根據一個包括連續教育變項和類別教育變項的模型估計而得。「女性薪資所得潛能」和「丈夫薪資所得潛能」是自一個模型估計來的。

　　　　[2] 模型6.2-1控制了虛擬變項「年齡平方」和「丈夫的年齡平方」，但是這幾個變項均沒有達到統計上的顯著。

　　事實上，已婚婦女在第一次訪談時贊同PCWS，比生命週期階段對其產後十二個月內就業率的效果來得更重要。不過，不可忽略的事實是，在1970年NFS資料與1987至1988年NSFH資料，都有部分已婚婦女雖然認為母親工作是有害的，但仍然在產後十二個月內工作。圖6.1顯示，在1970年的NFS樣本中，相信它是有害的母親中的就業比例超過四分之一，而在1987至1988年NSFH樣本中，其比例約為40%。

　　表6.2描述的模型6.2-1，是本章分析中所有參數的完整模型。擁有三個或以上學齡前子女的效果在模型6.2-1中也被拒絕，而藉由在模型6.2-0的「子女數目與年齡」中增加態度變項，我發現此拒絕與這個包含「女性就業對學齡前兒童有負面影響」的態度測量變項緊密相關。對於學齡前子女，母親所要考量的東西，顯然相對獨立於把幼童交給親戚或幼兒托育工作者所獲得的經濟利益。此發現與模型5.3-2的結果一致，在該模型中，學齡前子女的效果並沒有因加入工作經驗項而遭到拒絕。

　　一些在前面各章中具統計顯著性的重要變項，例如經濟變項、幼兒托育的

可取得性以及女性初婚的年齡，在本章模型 6.2-1 中並不顯著。本章與前面各章不同樣本大小的統計檢定力，可能導致上述結果的不一致。這不一致也可能顯示，丈夫及妻子的薪資所得潛能、失業率、幼兒托育的可取得性及女性初婚年齡，對育嬰期母親就業的一致性及重要性，不如社會規範、年齡、種族、子女數及教育程度。這結果隱含了供給面因素的重要性，以及此重要性在決定育嬰期母親就業上的轉變。

表 6.2 呈現的模型指出，對 PCWS 項目的支持率，預測了產後十二個月內較低的就業率。為了檢驗「母親就業對學齡前兒童有負面影響」的態度重要性，在模型 6.2-2，我控制模型 6.2-1 中的所有變項，除了由 PCWS 所測量的態度項目之外。藉由更大的自由度，模型 6.2-1 的 L2 較模型 6.2-2 中的大了 40.1（從 1585.18 到 1545.08），BIC 值的變動達到 33（從 -7,775 到 -7,808）。這一結果指出，母親就業會對學齡前兒童有負面影響的信念，能夠預測其自身產後是否就業的決定。這些結果支持了假設 6-1，同時也將索頓、亞文與坎伯恩（1983）及格林斯坦（1986, 1989）的論點運用到 1970 至 1990 年所有育有未滿 1 歲嬰兒的已婚婦女。

態度變化對於育嬰期女性近來的就業趨勢相當重要。比較模型 6.2-1 以及 6.2-2 年度虛擬變項的統計檢定結果，顯示態度變化是時期效果的中介變項。[7] 本書以模型 6.2-1 檢驗了「對 PCWS 項目平均認知的變化」對育嬰期女性就業比例變化的貢獻：對於在 1970 及 1987 至 1988 年間介於 16 到 45 歲的已婚婦女來說，「母親就業對學齡前兒童有負面影響」這一態度，導致了母親在嬰兒滿周歲前的就業率低於 40%，且圖 6.2 顯示，此態度變化在 1970 與 1990 年代之間是相對穩定的。假如我們模擬一虛構情境，亦即自 1970 年開始，PCWS 的

7　相對於先前各章基於 PUMS 所使用的短暫時間的測量法，可能只有當我們在此需要將產後第十二個月結束之前的所有就業資訊加入考慮時，才需要使用態度與社會規範來解釋母親就業趨勢。假如情況就是如此，那麼在解釋這十二個月當中前幾個月的就業模式變化時，社會規範的變化應該更為重要。不過，一個表 6.2 所未提出的試驗指出，如果模型 6.2-1 只將社會規範自模型中排除，由年度虛擬項所指涉的趨勢有著相當顯著的差異。也就是說，不管研究者有沒有考慮產後十二個月內的就業資訊，在解釋趨勢時，社會規範被證明是重要的。

平均數都沒有改變，那麼基於模型 6.2-1，在 1988 年樣本中，家戶內最年幼子女小於一歲的已婚婦女，其相應的模擬工作比例會是 0.50 而不是 0.55。也就是說，如果態度並沒有改變，1990 年育嬰期已婚婦女就業的可能性，會比由 NSFH 樣本所估計的還要低 10%。

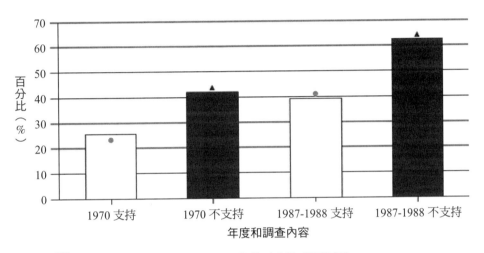

　　■　選擇不支持選項的母親中，有工作的百分比（觀察值）
　　▲　選擇不支持選項的母親中，有工作的百分比（預測值）
　　□　選擇支持選項的母親中，有工作的百分比（觀察值）
　　●　選擇支持選項的母親中，有工作的百分比（預測值）

說明：樣本是來自 1970 年的全國生育調查（NFS），以及 1987 至 1988 年的全國家庭與住戶調查（NSFH）。所有的比例是經過加權的。1970 年全國生育調查並無提供其他族群可比較的資訊。

圖 6.2：在第一次和第二次訪談間生產的白人女性於產後一年內工作的比例：依據第一次訪談時，對「母親就業對學齡前兒童有負面影響」（PCWS）支持與否來劃分（NFS 和 NSFH）

　　無論如何，假設 6-2 是被拒絕的。此拒絕有幾個可能的原因：第一，對育嬰期已婚婦女來說，家庭完成階段在其是否投入勞動市場的決定上並沒有任何差異；第二，育有未滿 1 歲嬰兒的已婚婦女可能並不認為他們已到達家庭完成階段，因為他們相信最小的孩子仍然太小、工作的成本仍然太高，或是因子女教育而導致的財務壓力沒有太大改變；最後，如先前在探討需求面因素時所提

及的，樣本數太小也可能導致無法拒絕這個虛無假設。如果 NFS 與 NSFH 資料因未能測得「意願生育的子女總數」的多面向特性，而減弱了家庭生命週期階段與就業率之間的關聯，那麼，小樣本甚至會讓問題變得更糟。未來還需要蒐集更多的資訊，以對假設 6-2 為何會被拒絕提供一個更清楚的答案。不過，如表 6.1 所顯示，在 1970 與 1987 至 1988 年間相對穩定的平均「意願生育的子女總數」也指出，在育嬰期已婚婦女近來就業率漸增的趨勢中，家庭生命週期階段所扮演的角色是相當有限的。

　　圖 6.2 顯示，在所有支持 PCWS 的婦女中，於產後十二個月內投入勞動市場的母親比例有顯著的增加。但這並不表示母親的工作決定，與其對「女性就業對學齡前兒童有負面影響的看法」之間的關聯，在 1970 到 1990 年代間有所改變。[8] 圖 6.2 的長條形指的是，對「婦女就業的影響」具有不同認知的白人婦女，於產後十二個月內工作的觀察百分比，三角形及圓形標記則是預測百分比。比較各團體的觀察值與預測值，我們可以看到它們相當接近。而藉由圖中各跨年度與跨團體的觀察百分比，我們可以計算出：那些認為母親就業對子女有負面影響的母親們，其在產後十二個月內工作的比例，比不如此認為的母親們大約低了 40%。[9]

　　本研究發現，在「母親就業對嬰幼兒有負面影響」這個項目上，認知效果並不能化約為社會行為規範，反之亦然。模型 6.2-1 的估計主張，社會行為規範指標以及「母親就業對學齡前兒童有負面影響」的認知態度，對預測育嬰期已婚婦女的就業率都是相當重要的。表 6.3 檢驗了由 EPWHO 指出的社會行為規範，是否能夠判斷受訪者對 PCWS 項目的態度。其結果為負，與附錄 6-1 的費斯賓—阿杰恩模型一致（Ajzen, 1985, 1988; Chaiken and Stangor 1987; Eagly and Chaiken, 1993; Evans and Mason, 1995; Fishbein and Ajzen, 1975; Hill, 1992; Schuman, 1995）——如果我們假設社會規範是被決定的，或至少是以 EPWHO

8　具有交互作用項目的模型並沒有比模型 6.2-1 更符合於資料，因此在表 6.2 中並未列出。
9　在 NFS 與 NSFH 資料中，支持「母親就業有負面影響」的群體實際觀察到的就業百分比分別為 25.57 與 39.95，不支持群體的百分比則為 42.06 與 62.64。

所定義的社會行為規範為條件。未來，研究者可能需要調查，社會行為規範與「對行為結果的態度」各自的效果，是否一如伊文斯、梅森（1995）所認為，反映出「正當性」與「影響」之間的差異。

表6.3：概率單元模型預測：支持「母親工作對學齡前兒童有負面影響」（PCWS）的機率（在1970年全國生育調查和1987至1988年全國家庭與住戶調查中16至45歲的已婚婦女）

	零級模型6.3-0		模型6.3-1	
	係數	標準誤	係數	標準誤
1988 年	-1.01	0.07	-0.93	0.21
孩子的個數與年齡				
三個以上不到 6 歲的小孩（含三個）	0.35	0.10	0.34	0.10
女性的特徵				
白人	0.06	0.16	-0.05	0.17
女性年齡25 至 34 歲	0.04	0.08	-0.04	0.08
女性年齡大於 35 歲（包含 35 歲）	0.23	0.14	0.29	0.15
女性教育程度小於 12 年	0.12	0.11	0.10	0.11
女性教育程度大於 16 年（含 16 年）	-0.37	0.18	-0.46	0.18
與丈夫在相同職業群體中工作的妻子就業比例（EPWHO）規範等級（等級一是最小的比例，視為參考組）				
等級二	-0.14	0.17	-0.17	0.17
等級三	-0.13	0.18	-0.17	0.18
等級四	-0.06	0.24	-0.08	0.24
幼兒托育				
每100 個學齡前兒童在其居住州的付費幼兒托育供給	-0.04	0.03	-0.04	0.03
截距	--	--	0.87	0.26
L^2	--	--	1585.9	
自由度		--	1314	

說明：在每一個6.3-0 的模型中，控制了虛擬變項「1988 年」和單一自變項。

哪些人傾向於認為「母親工作對學齡前兒童有影響」？模型6.3-0 及模型6.3-1 的直欄皆顯示：具有大學或更高的學歷會減低其認為「母親就業對學齡

前兒童是有負面影響」的可能性；但若家戶中擁有超過兩個不到6歲的子女，則會增加其可能性。[10] 此負面認知的大量減低，與女性教育程度及育有不到6歲子女的婦女的劇烈變化一致。表6.1顯示，自1970到1988年，育有兩個或兩個以上不到6歲子女的婦女減少約20%；而同一時間，育嬰期已婚婦女大學畢業的比例自1970至1988年則增加幾近100%。

四、結論

透過 NFS 與 NSFH 資料，我們可以估計「母親工作對學齡前兒童有負面影響」這一認知態度及生命週期階段理論所扮演的角色。這兩個議題都反映了，已婚婦女對家庭責任（養育子女）與工作責任之間的兩難所具有的意見。在本章，我已指出態度變化是實際存在的，且它對育嬰期已婚婦女的就業模式變化具有貢獻。不過，已婚婦女是否達成其「意願生育的子女總數」，與該婦女在生產後的工作決定並無直接相關。

由家庭生命週期階段理論推演出的假設遭到拒絕。此外，1970到1990年之間，已婚婦女的「意願生育的子女總數」只有非常小的變化。本書已指出，拒絕假設6-2的理論意涵還未達成結論，我們還需要更多的研究做進一步的討論。

不論是預測還觀察的結果都顯示，那些認為「母親就業對學齡前兒童有負面影響」的母親比較不傾向工作，但不論其認同或反對 PCWS 項目，就業率都有明顯地增加。根據最終模型的模擬，如果上述態度並未改變，1990年代育嬰期母親的工作比例可能比實際觀察到的還要低10%。此模擬是依據1970到1990年代的已婚婦女中，認為「母親就業對學齡前兒童有負面影響」的比例的衰退來檢驗；不過本章的證據也指出，此衰退已停止或甚至逆轉。

---

[10] 請留意模型 6.3-0 的直欄中所列出的模型，它們僅包含相對應列的變項與年度虛擬項。未顯示的試驗結果，包括年齡或教育程度的連續測量，在偵測態度差異上皆不敏感。因此，在此只有使用類別變項。此外，呈現在表 6.2 而未在表 6.3 的變項，都是在統計試驗上拒絕，因此也未包含在模型 6.3-1。

　　就 NFS、NSFH 以及 GSS 資料來說，我們發現自 1970 到 1980 年，育嬰期已婚婦女宣稱「母親工作對學齡前兒童有負面影響」的比例降低了 50%（從 1970 年的 73% 到 1988 年的 36%）。早期的性別角色態度研究（Mason and Lu, 1988; Thornton, 1989）未發現，婦女在「母親工作對子女有負面影響」的平均態度下降趨勢，在 1990 年代也達到停滯期。先前的研究已提出其他主張性別平等的態度變化趨勢已停滯（Thornton, 1989），但未宣稱性別角色態度有相同的停滯甚至逆轉。本章多變項分析模式指出，家中育有較少學齡前子女及擁有大學學歷的婦女，比較不傾向於接受「母親就業對學齡前兒童有負面影響」。不過我們發現，教育程度和透過「不到 6 歲子女的數目」所顯示的生育間隔的變化，並不能完全解釋 1970 到 1990 年間此負面認知的變化。因此，需要更多的研究來解釋，為何此認知在育嬰期已婚婦女中有如此大的變化。

　　本章揭示了「母親工作對嬰兒有負面影響的認知」乃是態度上的一個不同面向，無法化約為社會行為規範，反之亦然。這一區別與費斯賓及阿杰恩提出的理論架構一致（Ajzen, 1985, 1988; Fishbein and Ajzen, 1975），而為了調查伊文斯、梅森（1995）所提出的，「正當性」與「負面影響」之間的區別，是否能運用到「社會行為規範效果」與「對行為的認知」之間的區別，後續的研究顯然是必要的。

　　雖然本章的樣本數相對較少，讓我們很難直接比較本章與先前各章的結果。但我們仍可以有把握地斷定：在過去幾十年，對育嬰期已婚婦女不斷變化的就業型態來說，供給面的變化比需求面的變化來得重要。在本章中，諸如薪資或失業率等需求面變項，沒有一個能通過統計檢定而達到顯著差異。因此，雖然本章僅有規模相對較小的樣本，仍可以觀察到社會行為規範與「育嬰期婦女對母親就業的態度」等所具有的實際效果。此外，根據 NFS 與 NSFH 資料所得的結果可以看出，各種供給面因素的平均水準確實已有相當大的變化，以及透過這些變化所促進的工作趨勢。

第七章
結論與討論

　　婦女解放的首要前提就是讓所有女性重新回到勞動市場。（Engels, 1988[1891]: 82）

一、摘要與討論

　　1960 年以來，美國育嬰期已婚婦女在就業上的快速成長，是更早就開始的、女性勞動力參與率增加的一部分。在本書中描繪了美國婦女的獨特社會變化，並尋求理論來幫助我們更深入地了解：變化中的社會力量如何影響婦女的就業。以下，將簡單地總結先前各章的理論論述與經驗證據。

　　在第一章與第三章，已闡明育嬰期已婚婦女「延遲」的勞動力參與。發現在 1940 到 1990 年之間，女性就業 M 型年齡型態中的低谷，與育有學齡前兒童的已婚婦的「延遲就業」緊密相關。由於忽略了這些婦女的這一獨特社會脈絡，在第一章與第二章所回顧的先前研究中，都無法對近來的就業趨勢提供適切的解釋。

　　對早期研究的回顧顯示，在 1960 到 1990 年之間，育有未滿 1 歲嬰兒的已婚婦女的就業趨勢，仍有許多未被解釋的變異。為了闡明近來這群婦女就業行為的快速變化，作者綜合先前研究的一般因素與在此新增的因素，試著去擷取育嬰期已婚婦女所面對的特殊社會脈絡。本書檢驗的社會脈絡來自三個理論觀點：首先是理論化既有「社會事實」的效果，社會行為規範與幼兒托育的替代

供給即屬於此類。第二是考慮就業持續性與職業取向，這些因素包含以初婚年齡與產前工作經驗所指涉的婦女產前職業取向。第三個理論觀點則檢驗了婦女本身對生育、母職、工作責任及其彼此的相容性的意見。

在第四章，作者建立了一個基準模型，並估計育嬰期已婚婦女所面對的既有社會事實的影響。使用 1960 到 1990 年的人口普查（PUMS）百分之一資料的大樣本，複製了萊波維茲、克勒曼（1995）的模型，且研究結果與其一致。作者發現經濟因素、子女的年齡與數量及其他人口統計特性等，都是育嬰期已婚婦女就業率的重要決定因素。在這兩個研究中，育嬰期已婚婦女的就業率都隨著較高的經濟誘因、較少子女數、丈夫與母親年齡、女性教育程度及較低的丈夫教育程度而增加。比較黑人與白人，兩個研究也都顯示，種族對就業的效果已減弱。也發現世代對就業的正向效果：相較於較早世代，晚近出生世代的婦女更傾向於投入工作。

在新增社會行為規範及幼兒托育普及度的指標後，顯著改進了萊波維茲與克勒曼的模型，它們有效地解釋了這些婦女逐漸上升的長期就業趨勢。近年來，育嬰期已婚婦女更容易接觸到其他就業中的已婚婦女並受其影響，而社會規範的力量隨著參考團體的行為模式改變而改變。為了測量這一點，以「與丈夫待在相同職業團體中的已婚男性之妻的工作比例」為指標，測量社會行為規範的效果。最終完整模型顯示，育嬰期已婚婦女近來就業的增加，超過三分之一是來自於社會規範的改變。不過，社會行為規範或經濟誘因的效果乃受限於適當的幼兒托育供給。1960 到 1990 年，幼兒托育工作者供給的增加，總是與就業女性的嬰兒的增加成比例。

在第五章，作者以兩個研究策略檢驗婦女職業取向與婦女工作經驗的效果。可惜的是，其中一個研究策略並未產生預期作用。依照歐本海默（1988,1994）的理論主張，我使用婦女初婚年齡來指涉已婚婦女的職業取向，但結果未如期待。顯然，婦女初婚年齡並非婦女職業取向的一個好指標。我發現婚姻的延遲與已婚婦女就業率呈負相關，而非正相關。

以產前十二個月內的工作狀況所測量的工作經驗，是檢驗婦女工作持續的重要性的最直接方法。大多數在產後三個月內被僱用的婦女，在產前一年內已

在勞動市場上工作，產後就業率與先前的工作狀況呈正相關。1960 到 1980 年之間，產前十二個月內並未工作的母親的產後就業水準增加超過一倍。而在產前已投入工作的婦女中，育嬰假則增加了他們在育嬰期間持續「受僱」（擁有工作）的可能性。1960 到 1980 年，對育嬰期的已婚婦女來說，育嬰假確實地降低了他們在產後三個月內「正在工作」（無論工時長短）的可能性。第五章的結果顯示，婦女更加傾向持續其在產前的工作，而育嬰假則增加他們保有這份工作的可能性。不過，若未將社會行為規範與幼兒托育的變化一併加入考慮，我們無法適切地解釋產後就業模式的變化。

第四與第五章的分析並沒有包括，婦女自身對同時作為母親及受僱者可能面對的角色衝突的評估，而育嬰期已婚婦女就業率的緩慢變化可能與這一評估有關。在第六章中，我檢驗了在就業與幼兒托育之間可能具有角色衝突的兩種測量：一是詢問婦女在下一次生產後是否想結束生育，另一個則是詢問婦女是否相信「母親就業對學齡前兒童有負面影響」。對於這些問題，1970 年代的 NFS 以及 1990 年代的 NSFH 提供了有用的資訊。第六章所提出的結果顯示：仍然想繼續生育的婦女，並沒有因此而較不傾向於在產後投入工作；而相信「母親就業對學齡前兒童有負面影響」的婦女，在產後的確比較不傾向於投入工作。但自 1970 到 1987 年，相信此負面影響的婦女比例顯著減低。運用 GSS 資料將這一比例以時間序列呈現，顯示減低的趨勢自 1980 年代中期就已緩和下來，到了 1990 年代中期甚至已經逆轉。女性對「母親就業對學齡前兒童有負面影響」的態度與產後就業率之間的相關性跨越時間而穩定，但在多變項模型中，態度對於就業率的效果並不太大。忽略已婚婦女在「母親就業對學齡前兒童有負面影響」的態度上，自 1970 到 1987 年降低 40% 的事實後，模擬分析的預測就業水準只比 1987 年實際觀察的結果低 10%。儘管在第六章的分析當中，可使用的樣本數相對較小，但在控制這些婦女的態度因素後，社會行為規範在預測婦女就業率上仍達到統計顯著性。

第四、五、六章的分析顯示，在解釋育嬰期已婚婦女的就業率上，供給面因素是比較重要的，而供給面的改變無法由女性收入效果來完全呈現。對育嬰期的已婚婦女來說，未能適當控制供給面的決定因素，可能會導致對薪資與收

入效果的偏誤估計。

　　對育嬰期已婚婦女獨特的「延遲變化」而言，供給面的陳述也是一個比較合理的解釋。相同的供給面因素還可以解釋，1960 年之後的產後就業快速變化，以及女性就業的 M 型年齡型態。社會行為規範、態度、幼兒托育及其他諸如育嬰假等有利於已婚婦女產後工作的制度規劃，其改變都比女性勞動力需求的改變更耗費時間。早期的研究指出，較少家庭責任的婦女（例如晚婚或未曾結婚的婦女）比較傾向於回應女性勞動力的早期需求，育嬰期已婚婦女投入工作所需的制度與心理準備，則必須等到其他婦女就業有了確實的增長後才開始產生變化。在 1960 年之後，育嬰期已婚婦女的參考團體所展現及所要求的社會規範有了實際上的變化。幼兒托育隨著時間更加普及，育嬰假不僅變得普遍，更透過州與聯邦立法來強制要求，且越來越少母親相信其就業會對嬰兒造成負面影響。

二、未來的研究

> 無庸置疑，我們不該相信單靠改變經濟條件本身就足以使婦女轉型，儘管這個因素曾經且依然是女性演化的基本因素。唯有在經濟狀況帶來其所承諾且必備的道德、社會文化及其他層面的後果，新女性才有可能出現。（Simone De Beauvoir, 1989[1949]: 725）

　　對於已婚婦女保有其職業生涯的機會以及社會的支持，在近年來都有相當大的進展——這進展大到讓我們想反過來問：為什麼仍然還有育嬰期已婚婦女並未就業。我們需要一段很長的時間去追蹤，調查家庭如何適應育嬰期的女性投入工作。本研究並沒有處理母親或子女的福祉問題，也沒有考量丈夫對於這些家務變化的貢獻。未來的研究若能納入丈夫的變數，應該可以幫助呈現，在面臨育嬰期女性的高就業率後，新家務分工的調適。育嬰期已婚婦女的就業非常可能保持成長且不太可能逆轉。本研究顯示，社會機制能夠適應於這些新選擇。我再次引用邦博斯對家庭的未來所作的註解：「沒有人……真的相信我們

有家庭消失的危機」（Bumpass, 1993: 197）。不過，產後就業近來的變化究竟是新自由還是新負擔，仍是一個開放性問題，有待未來的研究以及制度的變革來回答。

　　未來，我們也需要更多關於育嬰期「非婚」婦女變化型態的研究。處於非婚狀況的嬰兒母親在考慮是否應該成為有酬工作者時，可能會受一組不同的社會規範及經濟因素影響。雖然本書的關注焦點不容許我深入探究「非婚」婦女的就業趨勢，但本書的某些結果仍可以運用在未處於婚姻狀況的母親。圖3.3顯示，相較於已婚婦女的趨勢，分居或未婚婦女的就業比率呈現相反的趨勢。對於離婚婦女來說，其就業率的增加也比已婚婦女的增加緩慢許多。藉由比較已婚與未處於婚姻狀況的婦女，我們可以測量：已婚與非婚婦女之間的就業趨勢差異，有多少是由家庭可運用資源所致，又有多少是公共政策的結果。

　　最後，我們應該以理論與經驗的觀點，對社會行為規範的變化投注更多關注。在本書中，我用「其丈夫處於同一職業團體的已婚妻子的行為模式」作為指標，來研究參考團體中的規範變化所具有的效果。未來更多系統化的研究，將可以揭露當代社會中，職業團體幫助擴散或是延緩社會變遷的潛在機制。

譯後記

李瑞中（中央研究院歐美研究所〔社會所合聘〕助研究員）

胡美珍（美國哥倫比亞大學精神醫學系副研究員）

　　這本書中譯本的完成與出版花了相當長的時間，我們要感謝的人很多。這個過程當中，最開始也最重要穿針引線的人是熊瑞梅老師，還有劉雅靈老師負責實際聯繫，同時仰賴政大出版社兩位前總編輯陳巨擘先生與唐啟華教授的支持，更多虧了作者陸先恆教授在威斯康辛大學的三位老師（其中兩位曾任美國人口學會理事長，兩位是美國國家科學院院士）聯名寫序推薦。美珍的外甥女芳瑜及大女兒貞元首先協助整理英文原稿，之後我們（與熊老師、劉老師）合資聘請兼職譯者廖英良先生初步譯成中文，我們再做相當幅度改寫。改寫過程中，感謝饒雨涵、何思瑩、黃思齊幾位同學的熱心協助。編委會與兩位匿名審稿人也提供了很多寶貴的意見，提升了本書的品質。

　　翻譯這樣一本與經濟學家犀利交鋒的量化社會學（或社會人口學）專著，所需要克服的不但是文字上的隔閡，還有專業知識上的困難。由於原作者已故，我們只能做有限文字上的潤飾（這點特別感謝審稿人與政大出版社同仁的提點與幫忙），而非大刀闊斧地修改。

　　量化研究在台灣社會科學界不是一門顯學，而以中文寫成的量化社會學作品更少。作者對相關理論與經驗研究結果的掌握，如何從過去的文獻中導出有意義且深刻的研究假設，並以量化模型分析人口普查與社會調查的資料，不僅展示整套量化社會研究的邏輯與操作，而且是值得學習的研究典範。因此這本書不但可以視為學術專著閱讀，也適合從事量化社會學工作的研究生作為案頭的論文寫作範本。我們衷心希望這本書的出版能對本土學術社群有所貢獻，這也是本書作者陸先恆教授生前念茲在茲的。

特別誌謝（胡美珍）

　　身為原作者的遺孀，這段校譯的過程是非常沉重而又欣喜的。許多章句推
敲再三就怕不能抓住它的精髓，等終於搞通了，也學到了許多。這本譯本是我
與先恆共話的一段歷程。在本書中的每一個研究議題，先恆都採用他在生活中
的慣用方式——對現象細心的觀察，產生理論假設，找尋可用的經驗資料去驗
證。感謝校譯此書的機會，讓我再次感受到先恆真誠及細膩的態度，以及他對
人及社會的關切。

　　藉此書的出版，美珍願代先恆感謝所有在先恆學習社會學理論及方法過程
中的恩師及同道。

附錄

附錄1-1、勞動力供給和需求的一般均衡模型

勞動力供給和需求的一般均衡模型的論點如下（可參考 Goldin 1990: 126ff）。當靜態供給方程式：

$$l_s = [S'Y_m^{-\epsilon}]w^\eta \tag{1-1}$$

和需求方程式：

$$l_d = Dw^{-\delta} \tag{1-2}$$

l 是婦女勞動供給，由婦女勞動參與率來表示；w 是妻子的工資；Y_m 是扣掉妻子收入或工資之外的家庭收入；S' 是除了妻子工資和家庭收入以外，其他可能影響供給的因素；D 是除了工資之外，其他可能影響需求的因素；ϵ 是收入彈性，η 是供給的無償工資供給彈性；[1] δ 是需求彈性。當我們加入時間面向，並對方程式 1-1 和方程式 1-2 取對數，方程式 1-1 和方程式 1-2 就會變成兩個不同的方程式。這兩個方程式是：

$$l_s^* = [S'^* - \epsilon Y_m^*] + \eta w^* = S^* + \eta w^* \tag{1-3}$$

和

$$l_d^* = D^* - \delta w^* \tag{1-4}$$

---

[1] 理論上無償工資效果可以是正的也可以是負的，但補償工資或本身的代替效果 ηs，在 $\eta = \eta^s - \alpha\epsilon$ 方程式中則總是正向的。$\alpha\times(-\epsilon)$ 被稱為總收入彈性，而 $\alpha=(w/Y_m)$（可參考 Goldin, 1990; Killingsworth, 1983）。換句話說，本身的替代效果總會相等或是大於工資中每單位工時的邊際改變。維持一定的 η，妻子的工資愈高，本身的替代效果也愈高；扣除妻子工資的家庭收入愈高，則會有愈小的本身替代效果。

在上述方程式中，* 表示 $\partial\log_e(.)/\partial t$（t 代表時間）。當我們假設勞動需求是無限彈性和外生的，並假設婦女勞動的供給和需求之間有一個均衡的話，那麼可以產生一個化約形式模型：

$$l^* = [S'^* - \epsilon\ Y_m^*] + \eta w^* \tag{1-5}$$

閔社（1962）建議 ϵ 和 η 的大小是不能靠先驗決定的。[2] 假如平均而言，ϵ 會大於 η（或者更精準地來說，ϵ 會大於 η^s），那麼婦女工資比率的增加將會導致勞動供給提高。閔社（Mincer, 1962）和他之後的研究者（例如：Bowen and Finegan, 1969; Cain, 1966; Smith and Ward, 1984, 1985）建議，這就是導致本研究觀察到婦女勞動供給長期增加的主要原因。

附錄2-1、人口普查資料中所使用的變項的標準化

一、收入

1960 年		
1959 年的收入		
P37-39		
從所有工作中得到的工資、薪水、佣金、獎金、小費		
P40-42		
非農業事業、專業實踐的伙伴關係或自己經營農場		
原始碼	原始定義	重新編碼
999	沒有薪水	0
000	$1 至 $99	(x+.5)*100
001 至 099	$100 至 $199 至 $9,900 至 $9,999	(x+.5)*100
105 至 245	$10,000 至 10,999 至 $24,000 至 $24,999	x*100
250	$25,000 以上（含 25,000）	x*100
-00	虧損 $1 至 $99	(x-.5)*100

2　龍格（Long）在他對於閔社（1962: 99）的評論中指出，這個事實的發現和理論化是從羅賓斯（Robbins, 1930）來的。

-01 至 -98	在 $100 元區間損失（如損失 $150 至 $9,850）	(x-.5)*100
-99	損失 $9,900 以上（含 9,900）	x*100
998	不適用（NA）（年齡小於 14 歲）	沒有例子

1970 年

1969 年的收入

P37-39

　　從所有工作中得到的工資、薪水、佣金、獎金、小費

P40-42

　　非農業事業、專業實踐的伙伴關係，和

P43-45

　　自己經營農場

原始碼	原始定義	重新編碼
999	沒有薪水	0
000	$1 至 $99	(x+.5)*100
001 至 499	$100 至 $199 至 $49,900 至 $49,999	(x+.5)*100
500	$50,000 以上（含 $50,000）	x*100
-00	虧損 $1 至 $99	-.5*100
-01 至 -98	在 $100 元區間損失（如損失 $150 至 $9,850）	(x-.5)*100
-99	損失 $9,900 以上（含 $9,900）	-x
998	不適用（NA）（年齡小於 14 歲）	沒有例子

1980 年

1979 年的收入

P101-105

　　工資或薪水

P106-110

　　非農業的自僱者

P111-115

　　農業自雇者

原始碼	原始定義	重新編碼
00000	小於 16 歲，或者是沒有收入	0
-9,985 至 74,995	用美元表示的收入（以 10 為區間的美元中點）	x
75,000	$75,000 以上（包含 $75,000）	x
-9,995	損失 $9,990 以上（含 $9,990）	x

1990 年		
1989 年的收入		
P127-132		
一個人的所有收入		
原始碼	原始定義	重新編碼
0	小於 16 歲，或者是沒有收入	0
1 至 284,000	用美元表示的收入	x
284,001+	$284,001 以上（包含 $284,001），等於一州內所有大於最高編碼值的中位數	x
-19,995 至 -1	用美元表示的收入	x
-19,996	損失 $19,996 以上（含 $19,996）	x

二、工作週數

　　「週收入」等於「收入」除以「工作的週數」。工作的週數如下表之定義：

1960 和 1970 年		
1959 年（或 1969 年）的工作週數		
P36		
原始碼	原始定義	重新編碼
0	13 週以下（包含 13 週）	7
1	14-26 週	20
2	27-39 週	33
3	40-47 週	44
4	48-49 週	49
5	50-52 週	51
6	不適用（小於 14 歲或沒有工作）	-9
1980 和 1990 年		
1979 年的工作週數　1989 的工作週數		
P95-96　　　　　　　P123-124		
原始碼	原始定義	重新編碼
0	0 或不適用	-9
1-52	1-52 週	x

三、薪資所得潛能

受訪者 I 的薪資所得潛能等於對預測的個人薪資所得取對數，也就是函數 $f(x_i)$。

函數 $f(x_i)$ 的參數是依據 1964 至 1995 年 3 月份的 CPS 估計的。數列 x 的個人變項是在 1960、1970、1980 和 1990 年 PUMS 中的觀察值。為了估計函數 $f(x_i)$ 的參數，將每一個觀察值視為是一個由 X 定義的加總平均數，X 是由州、教育團體、年齡團體、當地產業、族群和性別等界定而成。年齡團體、教育團體、族群、宗教的分割點和方程式中所納入的交互作用項目都延續 L&K 的研究。當原本定義的集合單元樣本大小小於 30 時，會執行一些重組。

四、上週工作時數（全職或者是任何工作）

1960 和 1970 年		
上週的工作時數		
P22		
原始碼	原始定義	重新編碼
0-2	1 至 34 小時	全職 =0，任何工作 =1
3-7	35 小時以上（含 35 小時）	全職 =1，任何工作 =1
1980 和 1990 年		
上週的工作時數		
1980 年的 P82-83	1990 年的 P93-94	
原始碼	原始定義	重新編碼
0	沒有工作	全職 =0，任何工作 =0
1-34	1 至 34 小時	全職 =0，任何工作 =1
35-99	35 至 99 小時，以及更多	全職 =1，任何工作 =1

五、族群

1960 和 1970 年		
西班牙裔		
P8	這一個變項只有適用於西南五州	
原始碼	**原始定義**	**重新編碼**
0	白人，西班牙姓氏	西班牙裔 =1
1	非裔和其他族群，西班牙姓氏	西班牙裔 =1
2	沒有西班牙姓氏	西班牙裔 =0
3	不適用（並不屬於西南五州）	西班牙裔 =0
白人，非裔和其他		
P7		
0	白人	非裔 =0
		其他 =0
1	非裔	非裔 =1
		其他[3] =0
2-8	其他族群	非裔 =0
		其他[4] =1
1980 年		
西班牙裔		
P14		
原始碼	**原始定義**	**重新編碼**
0	沒有西班牙血緣	西班牙裔 =0
1-4	擁有西班牙血緣	西班牙裔 =1
白人、非裔和其他		
P12-13		
1	白人	非裔 =0
		其他 =0
2	非裔	非裔 =1
		其他 =0
3-13	其他族群	非裔 =0
		其他 =1

---

[3]　在所有年份中，如果西班牙裔 =1，那麼非裔 =0。
[4]　在所有年份中，如果西班牙裔 =1，那麼其他 =0。

1990 年		
西班牙裔		
P38-40		
原始碼	**原始定義**	**重新編碼**
0, 6-199	沒有西班牙血緣	西班牙裔 =0
1-5, 200+	擁有西班牙血緣	西班牙裔 =1
白人、非裔和其他		
P12-14		
1	白人	非裔 =0，其他 =0
2	非裔	非裔 =1，其他 =0
4+	其他族群	非裔 =0，其他 =1

六、教育年數

1960 年		

1960 年最高教育程度

P17-18

原始碼	原始定義	重新編碼
0	沒有受過教育	0
2	幼稚園	2
3-6	1 至 4 年級	2.5
7-10	5 至 8 年級	6.5
11	9 年級	9
12	10 年級	10
13	11 年級	11
14	12 年級	12
15-17	大學 1-3 年級	14
18	大學 4 年級	16
19-20	大學五年級或以上	17

1970 年		

1970 年最高教育程度

P17-18

原始碼	原始定義	重新編碼
0-1	托兒所或是沒有受過教育	0
2	幼稚園	2
3-6	1 至 4 年級	2.5
7-10	5 至 8 年級	6.5
11	9 年級	9
12	10 年級	10
13	11 年級	11
14	12 年級	12
15-17	大學 1 至 3 年級	14
18	大學 4 年級	16
19-20	大學 5 年級或以上	17

1980 年		

1980 年最高教育程度

P40-41

原始碼	原始定義	重新編碼
0-1	托兒所或是沒有受過教育	0
2	幼稚園	2
3-6	1 至 4 年級	2.5
7-10	5 至 8 年級	6.5
11	9 年級	9
12	10 年級	10
13	11 年級	11
14	12 年級	12
15-17	大學 1 至 3 年級	14
18	大學 4 年級	16
19-22	大學 5 年級或以上	17

1990 年		

1990 年的教育程度

P51-52

教育成就（正式教育年數）

原始碼	原始定義	重新編碼
0-2	托兒所或是沒有受過教育	0
3	幼稚園	2
4	1 至 4 年級	2.5
5	5 至 8 年級	6.5
6	9 年級	9
7	10 年級	10
8	11 年級	11
9	12 年級	12
10	高中畢業	12
11	大學肄業	14
12-13	大學輔修	14
14	學士學位	16
15-17	碩士學位、專業或博士學位	17

七、幼兒托育

由十年前人口普查資料所測量的州幼兒托育水準

年度	職業分類為私人家戶式提供者	職業分類為中心式照顧提供者	備註
1950 年	720	731、764	1950 年的人口普查並沒有包含夏威夷和阿拉斯加。這兩個州的幼兒托育水準是依照 1960 至 1990 年的平均變化率往前外推而得。
1960 年	801、804	812、832	
1970 年	980	942、952	
1980 年	406	408	
1990 年	406、466	468	

資料來源：1950 和 1960 年資料的相容性是根據 Priebe（1968），1960 和 1970 年是根據 Priebe et al.（1972），1970 和 1980 年是根據 Vines（1989），1980 和 1990 年是根據 Priebe（1990）。

附錄3-1、各年齡層婦女勞動力參與比例（1940-1990）（圖3.1）

年齡	1940	1950	1960	1970	1980	1990
小於20 歲	12.7	20.3	28.6	30.8	39.3	41.2
20 至24 歲	36.9	39.6	40.6	51.4	60.9	64.8
25 至29 歲	30.3	30.3	31.2	41.4	60.2	68.0
30 至34 歲	26.1	28.6	32.1	40.6	57.7	67.6
35 至39 歲	24.3	30.8	37.0	44.7	59.7	70.7
40 至44 歲	21.1	34.6	41.9	48.4	60.4	73.1
45 至49 歲	19.1	33.1	44.1	49.4	56.9	70.1
50 至54 歲	17.0	29.0	42.5	48.8	52.0	63.4
55 至59 歲	14.4	23.6	37.1	44.4	45.2	52.4
60 至64 歲	11.9	18.5	27.0	33.8	31.2	33.6
65 至69 歲	7.7	11.5	14.7	15.5	13.7	15.8
70 至74 歲	4.2	5.6	8.5	8.1	7.0	7.7
75 歲以上	2.2	2.5	4.0	4.1	2.9	2.8

說明：[1] 本表的估計值是來自於 1940、1950、1960、1970、1980 和 1990 年人口普查資料樣本的估計值。

[2] 1990 年的估計值是根據個人加權進行加權的。

附錄3-2、圖3.2-1、3.2-2和3.2-3的相關表格

表 A3-2-1：各年齡層已婚婦女就業比例的差異（1940-1990）

	1940	1950	1960	1970	1980	1990
小於20 歲	8.7	17.1	22.5	29.1	36.9	37.1
20 至24 歲	15.3	24.3	27.6	41.3	52.9	59.9
25 至29 歲	16.4	20.4	23.9	34.2	53.2	64.3
30 至34 歲	15.4	21.2	26.1	35.2	52.2	64.5
35 至39 歲	14.5	23.3	31.5	40.1	55.7	68.4
40 至44 歲	12.1	25.9	36.5	44.2	57.2	71.3
45 至49 歲	10.2	24.3	37.6	44.8	53.7	68.3
50 至54 歲	8.0	19.5	34.9	43.3	48.1	60.6
55 至59 歲	6.0	13.1	27.8	37.3	39.9	48.6
60 至64 歲	4.7	9.5	17.6	25.6	25.7	29.5
65 至69 歲	2.8	5.9	8.4	10.1	10.4	12.7
70 至74 歲	1.6	2.8	4.2	4.8	5.1	5.7
75 歲以上	1.1	1.8	2.6	3.4	2.4	2.7

資料來源：本節中的所有表格，其估計值均來自於西元1940、1950、1960、1970、1980 和1990 年人口普查（PUMS）的估計值。
說明：1990 年的估計是根據個人加權進行加權的。

表 A3-2-2：未有學齡前兒童的各年齡層已婚婦女的工作比例差異（1940-1990）

	1940	1950	1960	1970	1980	1990
小於20 歲	11.6	24.8	33.8	38.2	47.6	46.9
20 至24 歲	27.1	48.2	57.3	65.4	73.1	77.1
25 至29 歲	28.8	42.0	50.6	57.8	73.8	79.9
30 至34 歲	23.1	34.8	42.1	48.0	63.6	74.3
35 至39 歲	18.6	31.5	41.8	47.5	60.4	73.6
40 至44 歲	13.7	29.4	41.2	47.7	58.7	73.1
45 至49 歲	10.6	25.1	38.6	45.7	54.0	68.6
50 至54 歲	8.1	19.5	35.1	43.4	48.1	60.7
55 至59 歲	6.0	13.1	27.8	37.3	40.0	48.6
60 至64 歲	4.7	9.5	17.6	25.6	25.7	29.5
65 至69 歲	2.8	5.9	8.3	10.1	10.4	12.7
70 至74 歲	1.6	2.8	4.2	4.7	5.1	5.7
75 歲以上	1.1	1.9	2.5	3.2	2.4	2.7

說明：學齡前兒童指的是不到6 歲的兒童。

表 A3-2-3：各年齡層未婚女性的就業比例差異（1940-1990）

	1940	1950	1960	1970	1980	1990
小於20歲	13.0	20.9	29.9	31.0	39.7	41.6
20至24歲	59.4	70.0	70.1	66.7	67.3	67.4
25至29歲	68.6	73.4	68.7	68.7	73.5	73.3
30至34歲	66.3	69.6	68.8	65.8	73.0	74.0
35至39歲	63.3	69.1	69.7	66.7	72.8	76.2
40至44歲	55.8	69.9	69.6	67.7	71.2	77.5
45至49歲	49.3	63.3	70.0	68.0	67.8	74.7
50至54歲	40.0	55.1	65.6	69.1	64.1	70.3
55至59歲	30.5	45.2	56.8	61.1	58.1	60.8
60至64歲	21.4	31.1	41.0	46.7	40.9	41.0
65至69歲	11.6	16.7	21.1	21.0	17.4	19.8
70至74歲	5.4	7.2	11.2	10.2	8.3	9.4
75歲以上	2.4	2.7	4.4	4.3	3.1	2.8

附錄3-3、婦女就業年齡型態的世代變化

在此附錄中，本書記錄了第三章圖3.2、3.2-1、3.2-2和3.2-3中那些世代年齡的婦女就業型態變化。所提出的論點是，在世代（cohort）和時期（period）這兩種相似的結論間，本書選擇在正文中呈現各時期別年齡型態的理由是因為它為本研究提供了更有用的資訊。就像在第三章和第四章中所論證的，時期別估計呈現出，那些擁有非學齡前未成年子女的已婚婦女，其行為變化比擁有學齡前兒童的已婚婦女更快且更早。對本研究來說，這是一個重要的線索，使研究可以進一步探討已婚婦女社會就業規範的改變，與育嬰期已婚婦女的就業延遲變化之間的關係。透過時期別估計，可以讓讀者更容易觀察到這些「其他婦女」間的就業型態變化。最後，比起觀察時期別估計，讀者很難透過婦女世代間的工作年齡型態，來看到處於不同生命階段的婦女，在不同時期別對於勞動市場需求反應的差異。無論如何，透過呈現工作的世代年齡型態，我們可以描繪婦女在不同世代的真實生命階段型態。為了比較的緣故，特地在此附錄中呈現了工作的世代年齡型態。

　　第三章中，年齡25至29歲是指出擁有學齡前兒童的已婚婦女緩慢變化的重要時段。在圖3.1和圖3.2-1中，25至29歲的婦女就業比例在M型年齡分配中接近於最低點。不幸的是，因為美國人口普查（PUMS）的觀察值間隔十年，透過世代估計，我們不能將特定年齡就業型態的所有重要轉折點都涵括在在同一圖像，它們包含了：25歲前的就業高點、29歲後的就業高點，以及25至29歲之間的就業低點，就像圖3.1和圖3.2-1.[5] 呈現的時期別估計那樣。為了能夠描繪產後的就業年齡型態，本書決定著重於介於25至29歲間的低就業率，與中年婦女的第二次就業高峰之間的關係。無論如何，藉著使用1965和1975年3月的人口現況調查（CPS）資料，仍然能夠說明在1941和1955年之間出生，也就是20至24歲這個特定年齡區間的一些就業型態變化。[6]

　　圖A3-3.1透過1911至1955年出生的女性世代，呈現了勞動市場就業女性的特定年齡比例。小於25或大於29歲的女性在勞動市場的就業比例較高，就像圖A3-3.1所記錄的，除了介於1951至1955年出生的最年輕世代之外，所有世代都可以觀察到M型的生命週期型態。圖A3-3.2透過出生於1911至1955年之間的已婚婦女世代，呈現勞動市場已婚就業女性的特定年齡比例。圖A3-3.1和圖A3-3.2對照之下呈現出的就業世代趨勢，類似於圖3.1和3.2-1對照之下呈現出的時期別趨勢。和所有的時期別和世代結果的婦女樣本一樣，已婚婦女樣本也可以觀察到M型年齡型態。[7] 但M型年齡型態並沒有在圖A3-3.3和圖A3-3.4呈現出來。

　　總結來說，本附錄呈現的婦女就業世代估計結果，和第三章呈現的時期別估計結果，都可以觀察到過去數十年間，所有婦女的M型就業年齡型態，與擁有學齡前兒童的已婚婦女就業型態變化和程度密切相關。

5　請參考第三章的圖3.1、圖3.2-1和圖3.2-2所繪製的轉折點圖形。
6　如果使用人口現況調查（CPS）的資料，來估計出生於1941至1955年之間，年齡25至29歲的勞動市場就業比例，本附錄的結論也不會改變。
7　為了呈現已婚婦女樣本的雙峰型態，透過1950及1960年對20至24歲已婚婦女所觀察到的就業比例，用插入法估計了出生於1931年與1935年間的已婚婦女勞動市場工作比例。就算我們簡單地使用1950的觀察比例，介於20至24歲之間的婦女工作比例較高。為了比較的緣故，圖A3-3.3也有應用了一個相似的插入手法。Rosenfeld（1996）與Hill and O'Neill（1992）的研究都記錄了年齡因素所劃分的婦女工作型態的雙峰世代趨勢，讀者可以參考這兩個研究以獲得更多的細節。

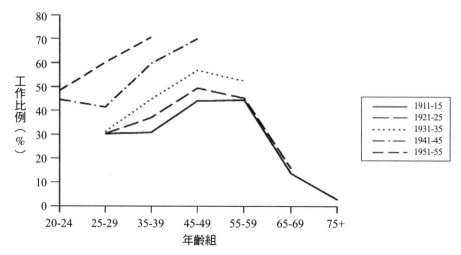

圖 A3-3.1：依年齡和世代劃分出生於 1911 與 1955 年間的婦女就業比例

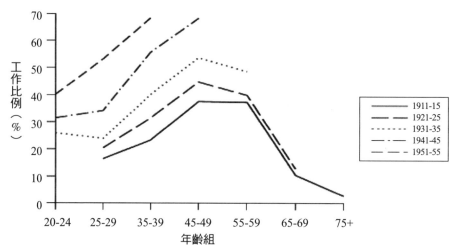

圖 A3-3.2：依年齡和世代劃分出生於 1911 與 1955 年間的已婚婦女就業比例

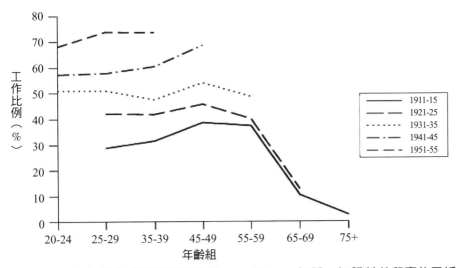

圖 A3-3.3：依年齡和世代劃分出生於 1911 與 1955 年間，無學齡前兒童的已婚婦
女就業比例

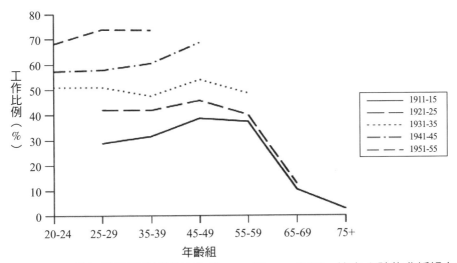

圖 A3-3.4：依年齡和世代劃分出生於 1911 與 1955 年間，擁有小孩的非婚婦女就
業比例

附錄3-4、擁有不同子女年齡的16至45歲婦女的就業比例增加（1940-1990）[1, 2]

	1940 (1)	1950	1960 (2)	1970	1980	1990 (3)	(3-1) /(1)	(3-2) /(2)
沒有小孩	40.1	50.6	51.7	53.1	64.0	69.9	0.74	0.35
最小的小孩年齡小於1歲	3.7	5.5	12.2	17.8	27.7	41.3	10.21	2.37
最小的小孩年齡介於1至5歲	7.8	13.4	21.1	30.1	42.9	55.3	6.10	1.62
最小的小孩年齡超過5歲	17.1	30.1	41.3	48.6	61.0	71.4	3.17	0.73

資料來源：本表的估計來自人口普查資料（PUMS, 1940, 1950, 1960, 1970, 1980, 1990）。
說明：[1] 這些年份的比例來自16至45歲母親的估計。
　　　[2] 1990年的估計值根據個人加權予以加權。

附錄3-5、在不同婚姻狀況中，擁有小於1歲子女的16至45歲婦女的就業比例差異（1940-1990）[1, 2]

	1940	1950	1960	1970	1980	1990
已婚	3.3	5.1	11.3	16.5	27.7	43.4
分居	15.1	21.4	31.1	48.8	25.9	30.7
孀居	24.3	18.5	45.5	42.3	39.0	45.9
離婚	24.0	20.7	22.6	23.9	28.0	33.3
未曾結婚	33.3	15.0	45.9	30.4	24.6	29.3

資料來源：本表的估計來自人口普查資料（PUMS, 1940, 1950, 1960, 1970, 1980, 1990）。
說明：[1] 這些年份的比例來自於對16至45歲母親的估計。
　　　[2] 丈夫缺席的已婚婦女，會被分類在分居這個類別，而不是已婚這個類別。

附錄4-1、16至45歲育嬰期已婚婦女的夫妻教育成就的關係（1960-1990）

妻子受教育年數		丈夫受教育年數		
		小於12年	12至15年	大於等於16年
1960年	小於12年	63.7	22.7	4.5
	12至15年	35.7	73.8	62.2
	大於等於16年	0.7	3.5	33.3
1970年	小於12年	58.2	18.6	2.8
	12至15年	40.8	77.1	55.3
	大於等於16年	1.1	4.3	41.8
1980年	小於12年	54.1	13.4	1.9
	12至15年	44.4	79.4	46.4
	大於等於16年	1.5	7.3	51.8
1990年	小於12年	49.1	8.3	0.7
	12至15年	48.5	79.1	38.8
	大於等於16年	2.5	12.7	60.5

說明：每一年份的欄位應該加總起來會等於100%。本表中，因為四捨五入的誤差，同一年份的數字欄位加總起來不一定剛好等於100%。

附錄6-1、用來預測特定意向和行為的費斯賓—阿杰恩模型

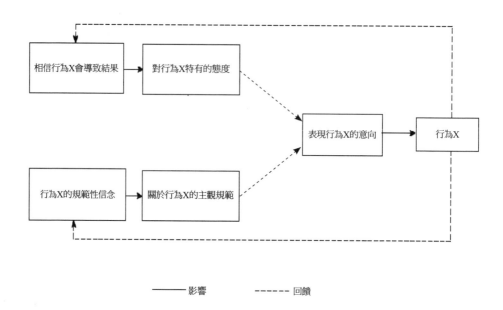

──── 影響　　- - - - - 回饋

資料來源：本表是根據費斯賓、阿杰恩（1975）和希爾（1992: 358）所繪製的。

參考文獻

Agresti, Alan. 1990. *Categorical Data Analysis*. New York: John Wiley & Sons.

Ajzen, Icek. 1985. "From Intentions to Actions: A Theory of Planned Behavior." In J. Kulh and J. Beckman (eds.), *Action Control: From Cognition to Behavior*. Heidelberg: Springer-Anderson, pp. 11-39.

Ajzen, Icek. 1988. *Attitudes, Personality, and Behavior*. Chicago: The Dorsey Press.

Anderson, S.A., C. S. Russell, and W. R. Schumm. 1983. "Perceived Marital Quality and Family Life-cycle Categories: A Further Analysis." *Journal of Marriage and the Family* 45: 121 -139.

Asch, S. E. 1940. "Studies in the Principles of Judgments and Attitudes: II. Determination of Judgments by Group and by Ego Standards." *Journal of Social Psychology* 12: 433-465.

Asch, S. E. 1955. "Opinions and Social Pressure." *Scientific American* Nov.: 31-35.

Axelrod, R. 1986. "An Evolutionary Approach to Norms." *American Political Science Review* 80: 1095-1111.

Bancroft, G. 1958. *The American Labor Force: Its Growth and Changing Composition*. (A Volume in the 1950 Census Monograph Series.) New York: Wiley.

Becker, Gary. 1985. "Human Capital, Effort, and the Sexual Division of Labor." *Journal of Labor Economics* 3(12): 33-58.

Becker, Gary. 1991. *A Treatise on the Family*. (Enlarged ed.) Cambridge, Massachusetts: Harvard University Press.

Bell, D. 1974. "Why Participation Rates of Black and White Married Women Differ." *Journal of Human Resources* 9(4): 465-479.

Belsky, Jay, and M. Rovine. 1988. "Nonmaternal Care in the First Year of Life and the Security of Infant-parent Attachment." *Child Development* 59: 157-167.

Ben-Porath, Yoram. 1967. "The Production of Human Capital and the Life Cycle of Earnings." *Journal of Political Economy* 75: 353-365.

Berch, Bettina. 1982. *The Endless Day: The Political Economy of Women and Work*. New York: Harcourt Brace Jovanovich.

Bianchi, Suzanne M., and Daphne Spain. 1986. *American Women in Transition*. New York: Russell Sage Foundation.

Blau, David M., and Philip K. Robins. 1988. "Child-care Costs and Family Labor Supply." *The Review of Economics and Statistics* 70(Aug): 374-381.

Blau, David M., and Philip K. Robins. 1989. "Fertility, Employment, and Child-care Costs." *Demography* 26(2): 287-300.

Booth, A., D. R. Johnson, L. White, and J. N. Edwards. 1984. "Women, Outside Employment, and Marital Instability." *American Journal of Sociology* 90: 567-583.

Bonvillain, Nancy. 1997. *Women and Men.* (2nd ed.) New Jersey: Prentice Hall.

Bourdieu, Pierre. 1972. "Marriage Strategies as Strategies of Social Reproduction." In R. Foster and O. Ranum (eds.), *Family and Society: Selections from the Annales.* Baltimore: Johns Hopkins University Press, pp. 117-144.

Bourdieu, Pierre. 1977. *Outline of a Theory of Practice.* New York: Cambridge University Press.

Bourdieu, Pierre. 1990a. *The Logic of Practice.* Stanford, California: Stanford University Press.

Bourdieu, Pierre. 1990b. *In Other Words: Essays Towards a Reflexive Sociology.* Stanford, California: Stanford University Press.

Bowen, William G., and T. Aldrich Finegan. 1969. *The Economics of Labor Force Participation.* Princeton, N.J.: Princeton University Press.

Browning, Martin. 1992. "Children and Household Economic Behavior." *Journal of Economic Literature* 30: 1434-1475.

Bumpass, Larry L. 1969. "Age at Marriage as a Variable in Socio-economic Differentials in Fertility." *Demography* 6: 45-54.

Bumpass, Larry L., 1982. *Employment Among Mothers of Young Children: Changing Behavior and Attitudes.* (CDE Working Paper 26.) Madison, Wisconsin: Center for Demography and Ecology, University of Wisconsin-Madison.

Bumpass, Larry L. 1990. "What's Happening to the Family? Interactions between Demographic and Institutional Change." *Demography* 27: 483-498.

Bumpass, Larry L. 1993. "Review of Goldschieder and Waite, No Families New Families." *Population and Development Review* 19: 193-197.

Bumpass, Larry L., and James Sweet. 1980. *Patterns of Employment Before and After Childbirth.* U.S. Department of Health, Education, and Welfare Publication No. (PHS) 80-1980.

Bumpass, Larry L., and James Sweet. 1992. "Family Experiences across the Life Course: Differences by Cohort, Education, and Race/Ethnicity." In *Proceedings*, Volume 3, The Peopling of the Americas, IUSSP, pp. 313-350.

Bumpass, Larry L., James A. Sweet, and Andrew Cherlin, 1991a. "The Role of Cohabitation in Declining Rates of Marriage." *Journal of Marriage and the Family* 53(Nov.): 913-927.

Bumpass, Larry L., Teresa Castro Martin, and James A. Sweet. 1991b. "The Impact of Family Background and Early Marital Factors on Marital Disruption." *Journal of Family Issues* 12: 22-42.

Cain, Glen G. 1966. *Married Women in the Labor Force: An Economic Analysis.* Chicago: University of Chicago Press.

Cain, Leonard. 1964. "Life Course and Social Structure." In Robert E. L. Faris (ed.), *Handbook of Modern Sociology*. Chicago: Rand McNally, pp. 272-309.

Chaiken, Shelly, and Charles Stangor. 1987. "Attitudes and Attitude Change." *Annual Review of Psychology* 38: 575-630.

Cherlin, Andrew J. 1992. *Marriage, Divorce, Remarriage*. Cambridge, Massachusetts: Harvard University Press.

Christensen K. 1989. "Flexible Staffing and Scheduling in the U.S. Corporations." *Research Bulletin*. (No. 240.) New York, NY: The Conference Board.

Cohen, Malcolm S., and Frank P. Stafford. 1974. "A Life Cycle Model of the Household's Allocation of Time." *Annals of Economic and Social Measurement* 3: 447-463.

Cohen, Malcolm S., Samuel A. Rea, Jr., and Robert I. Lerman. 1970. *A Micro Model of Labor Supply*. Washington, D.C.: U.S. Government Printing Office.

Coleman, James S. 1990. "Norm-generating Structures." In Karen Schweers Cook and Margaret Levi (eds.), *The Limits of Rationality*. Chicago: University of Chicago Press, pp. 250-273.

Coleman, Mary T., and John Pencavel. 1993. "Trends in Market work Behavior of Women Since 1940." *Industrial and Labor Relations Review* I 46(4): 653-676.

Collver, O. Andrew. 1963. "The Family Life Cycle in India and the United States." *American Sociological Review* 28: 86-96.

Coltrane, Scott, and Masako Ishii-Kuntz. 1992. "Men's Housework: A Life Course Perspective." *Journal of Marriage and the Family* 54(Feb.): 43-57.

Connelly, R. 1992. "The Effect of Childcare Costs on Married Women's Labor Force Participation." *Review of Economics and Statistics* 74: 83-90.

Cramer, James C. 1980. "Fertility and Female Employment: Problems of Causal Direction." *American Sociological Review* 45(2): 397-432.

Davis, K. 1984. "Married women and Work: Consequences of the Sex Role Revolution." *Population and Development Review* 10: 397-417.

De Beauvoir, Simone. 1989. *The Second Sex*. Trans. and ed. by H. M. Parshley from two volumes: *Le Deuxieme Sexe: I. Les Faits et Les Mythes*, II. L'Expérience Vécue. Librairie Gallimard, 1949, New York: Vintage.

Dechter, Aimee R. 1991. *The Expected Economic Impact of Marital Dissolution and Its Implications for the Likelihood of Divorce*. Ph.D. Dissertation, Pennsylvania: Sociology and Demography Graduate Groups, University of Pennsylvania.

Desai, Sonalde, and Linda J. Waite. 1991. "Women's Employment During Pregnancy and After the First Birth: Occupational Characteristics and Work Commitment." *American Sociological Review* 56(August): 551-556.

Dowdall, Jean A. 1974. "Structural and Attitude Factors Associated with Female Labor Force Participation." *Social Science Quarterly* 55: 121-130.

Duleep, Harriet Orcutt, and Seth Sanders. 1994. "Empirical Regularities Across Cultures: The Effect of Children on Woman's Work." *The Journal of Human Resources* 29(2): 328-347.

Durand, John D. 1946. "Married Women in the Labor Force." *American Journal of Sociology* 52: 217-223.

Durand, John D. 1948. *The Labor Force in the United States*, 1890-1960. New York: Social Science Research Council.

Durkheim, Émile. 1951. *Suicide: A Study in Sociology*. Translation of *Le Suicide: étude de sociologie*, 1897. Paris: Alcan, by J.A. Spaulding and G. Simpson and edited with "Introduction" by G. Simpson Glencoe, Ill.: Free Press of Glencoe.

Durkheim, Émile. 1956. *Education and Sociology*. Translation of Éducation et Sociologie, 1922. Paris: Presses Universitaires de France, by S. Fox, New York: Free Press.

Durkheim, Émile. 1965. "A Durkheim Fragment: the Conjugal Family." translation of "La Famille conjugale: conclusion du cours sur la famille," *Revue philosophique, XC, pp. 1-14, by G. Simpson, with note, in American Journal of Sociology* 70(5): 527-536.

Durkheim, Émile. 1983. *Professional Ethics and Civic Morals. Translation of Leçons de sociologie: physique des mœurs et du droit*, 1950. Paris: Presses Universitaires de France, by C. Brookfield, Westport, Connecticut: Greenwood Press.

Durkheim, Émile. 1984. *The Division of Labour in Society. Translation of De la division du travail social: étude sur l'organisation des sociétés supérieures*, 1893. Paris: Alcan, by W. D. Halls, with "Introduction" by Lewis Coser, London: Macmillian Publishers LTD.

Duvall, Evelyn M. 1970. *Family Development*. Philadelphia: Lippincott.

Eagly, Alice, and Shelly Chaiken. 1993. *The Psychology of Attitudes*. New York: Harcourt Brace.

Eggebeen, David J. 1988. "Determinants of Maternal Employment for White Preschool Children: 1960-1980." *Journal of Marriage and the Family* Feb.: 149-159.

England, Paula. 1992. *Comparable Worth: Theories and Evidence*. New York: Aldine de Gruyter.

Engles, Frederick. 1988. *The Origin of the Family, Private Property, and the State*. (Seventh printing.) New York: Pathfinder Press.

Espenshade, Thomas J. 1985. "Marriage Trends in America: Estimates, Implications, and Underlying Causes." *Population and Development Review* 11(1): 193-245.

Evans, M.D.R., and Karen Oppenheim Mason. 1995. "Currents and Anchors: Structure and Change in Australian Gender Role Attitudes, 1984-89." Paper presented in the annual meeting of 1995 American Sociological Association.

Fishbein, Martin, and Icek Ajzen. 1975. *Belief, Attitude, Intention, and Behavior: An Introduction to Theory and Research*. Reading, MA: Addison-Welsey.

Folk, Karen Fox, and Andrea H. Beller. 1993. "Part-time Work and Childcare Choices for

Mothers of Preschool Children." *Journal of Marriage and the Family* 55(Feb.): 146-157.

Friedam, Milton. 1957. *A Theory of the Consumption Function.* Princeton for NBER.

Galinsky, Ellen, Dana E. Friedman, and C. Hernandez. 1991. *The Corporate Reference Guide to Work-family Program.* New York, NY: Families and Work Institute.

Glass, Jennifer. 1992. "Housemarried Women and Employed Married Women: Demographic and Attitudinal Change, 1972-1986." *Journal of Marriage and the Family* 54(Aug.): 559-569.

Glass, Jennifer L., and Sarah Beth Estes. 1996. "Workplace Support, Childcare, and Turnover Intentions among Employed Mothers of Infants." *Journal of Family Issues* 17(3): 317-335.

Glick, Paul C. 1947. "The Family Cycle." *American Sociological Review* 12: 164-174.

Glick, Paul C., and Robert Parke. 1969. "New Approaches in Studying the Life Cycle of the Family." In Jeffrey K. Hadden and Marie L. Borgatta (eds.), *Marriage and the Family.* Itasca, Ill.: Peacock, pp. 146-159.

Glick, Paul C., David M. Heer, and John B. Beresford. 1963. "Family Formation and Family Composition: Trends and Prospects." In Marvin B. Sussman (ed.), *Source Book in Marriage and the Family.* Boston: Houghton Mifflin, pp. 30-39.

Goldin, Claudia. 1983. "The Changing Economic Role of Women: A Quantitative Approach," *Journal of Interdisciplinary History* 13(4): 707-733.

Goldin, Claudia. 1990. *Understanding the Gender Gap: An Economic History of American Women.* New York: Oxford University Press.

Goldscheider, Frances K., and Linda J. Waite. 1991. *New Families, No Families?* Berkeley: University of California Press.

Greenstein, Theodor. 1986. "Social-psychological Factors in Perinatal Labor-force Participation." *Journal of Marriage and the Family* 48: 565-571.

Greenstein, Theodore. 1989. "Human Capital, Marital and Birth Timing, and the Postnatal Labor Force Participation of Married Women." *Journal of Family Issues* 10(3): 359-382.

Hanson, Sandra L. 1983. "A Family Life-cycle Approach to the Socioeconomic Attainment of Working Women." *Journal of Marriage and the Family* 45(May): 323-338.

Hauser, Robert M., and John Robert Warren. 1996. *Socioeconomic Indexes for Occupations: A Review, Updated and Critique.* (CDE Working Paper No. 9601.) Center for Demography and Ecology, University of Wisconsin-Madison.

Hayghe, Howard. 1986. "Rise in Mothers' Labor Force Activity Includes Those with Infants." *Monthly Labor Review* 109: 43-45.

Hayghe, Howard. 1990. "Family Members in the Work Force." *Monthly Labor Review* 113: 14-19.

Heckman, James J. 1976. "A Life-cycle Model of Earnings, Learning, and Consumption." *Journal of Political Economy* 84: 11-44.

Heckman, James J. 1993 "What Has been Learned about Labor Supply in the Past Twenty Years?" *American Economic Review* 83(2): 116-121.

Hernandez, Donald J. 1993. *America's Children: Resources from Family, Government, and the Economy*. New York: Russell Sage Foundation.

Hill, C. Russell, and Frank P. Stafford. 1974. "Allocation of Time to Preschool Children and Education Opportunity." *Journal of Human Resources* 9: 323-341.

Hill, M. Anne, and June O'Neill. 1992. "Intercohort Change in Women's Labor Market Status." In Ronald Ehrenberg (ed.), *Research in Labor Economics*. Greenwich, Conn." JAI Press Inc, pp. 215-286.

Hill, Richard J. 1992. "Attitudes and Behavior." In Morris Rosenberg and Ralph H. Turner (eds.), *Social Psychology: Sociological Perspectives*. (2nd. Printing of 1990 ed.) New Brunswick: Transaction Publishers, pp. 347-377.

Hofferth, S., and Phillips, D. 1987. "Childcare in the United States, 1970 to 1995." *Journal of Family and Marriage* 49(August): 559-571.

Jaffe, A. J. 1956. "Trends in the Participation of Women in the Working Force." Comments by S. Cooper and S. Lebergott. *Monthly Labor Review* 79(May): 559-565.

Joesch, Jutta M. 1995. *Paid Leave and the Timing of Women's Employment Surrounding Birth*. (Research Center Working Paper No. 95-10.) Battelle, Whashington: University of Washington-Battelle.

Judge, George G., R. Carter Hill, William E. Griffiths, Helmut Luetkepohl, and Tsoung-Chao Lee. 1988. *Introduction to the Theory and Practice of Econometrics*. (2nd ed.) New York: John Wiley & Sons.

Karoly, L., and J. Klerman. 1994. "Using Regional Data to Reexamine the Contribution of Demographic and Sectoral Changes to Increasing U.S. Wage Inequality." In J.H. Bergstrand, T.F. Cosimano, J.W. Houck and R.G. Sheehan (eds.), *The Changing Distribution of Income in an Open U.S. Economy*. Amsterdam: North Holland, pp. 183-216.

Killingsworth, Mark. 1983. *Labor Supply*. Cambridge: Cambridge University Press.

Klerman Jacob Alex, and Leibowitz, A. 1994. "The Work-employment Distinction among New Mothers." *Journal of Human Resources* 29: 277-303.

Klerman, Jacob Alex, and Arleen Leibowitz. 1990. "Women's Labor Market Mobility: Evidence from the NLS Childcare and Women's Return to Work after Childbirth." *American Economic Review* 80(2): 284-288.

Klerman, Jacob Alex, and Arleen Leibowitz. 1995. "Labor Supply Effects of State Maternity Leave Legislation." Paper presented at 1995 annual meeting of Population Association of America, San Francisco, California.

Kuhlthau, Karen, and Karen Oppenheim Mason. 1996. "Market Child Care Versus Care by Relatives: Choices Made by Employed and Nonemployed Mothers." *Journal of Family*

Issues 17(4): 561-578.

Lansing, John B., and James N. Morgan. 1955. "Consumer Finances over the Life Cycle." In Lincoln Clark (ed.), *Consumer Behavior. Vol. 2, The Life Cycle and Consumer Behavior.* New York: New York University Press, pp. 36-51.

Lansing, John B., and Leslie Kish. 1957. "Family Life Cycle as an Independent Variable." *American Sociological Review* 22: 512-519.

Lehrer, Eveleyn L. 1992. "The Impact of Children on Married Women's Labor Supply: Black-white Differentials Revisited." *Journal of Human Resources* 27(3): 422-444.

Leibowitz, Arleen. 1975 "Education and the Allocation of Women's Time." In F. Thomas Juster (ed.), *Education, Income and Human Behavior.* New York: McGraw-Hill, pp. 171-197.

Leibowitz, Arleen, and Klerman, J. 1995. "Explaining Changes in Married Mothers' Employment Over Time." *Demography* 32(3): 365-378.

Leibowitz, Arleen, Jacob Klerman, and Linda Waite. 1992. "Employment of New Mothers and Childcare Choice: Differences by Children's Age." *Journal of Human Resources* 27 (1): 112-123.

Leibowitz, Arleen, Klerman, J., and Waite. L. 1994. *Time Trends in Recent Mothers' Labor Supply.* Unpublished manuscript, RAND Cooperation.

Leibowitz, Arleen., Linda J. Waite, and Christina Witsberger. 1988. "Childcare for Preschoolers: Differences by Child's Age." *Demography* 25(2): 205-220.

Leslie, Gerald, and Arthur H. Richardson. 1961. "Life-cycle, Career Pattern and the Decision to Move." *American Sociological Review* 26: 894-902.

Long, C. 1958. *The Labor Force Under Changing Income and Employment.* National Bureau of Economic Research. Princeton, New Jersey: Princeton University Press.

Lukes, Steven. 1973. *Émile Durkheim His Life and Work: A Historical and Critical Study.* New York: Penguin Books.

Maddala, G. S. 1983. *Limited-dependent and Qualitative Variables in Econometrics.* Cambridge: Cambridge University Press.

Majeski, Stephen J. 1990. "Comment: An Alternative Approach to the Generation and Maintenance of Norms." In Karen Schweers Cook and Margaret Levi (eds.), *The Limits of Rationality.* Chicago: University of Chicago Press, pp. 273-281.

Mare, Robert D. 1991. "Five Decades of Educational Assortative Mating." *American Sociological Review* 56: 15-32.

Martin, T. C., and Larry. L. Bumpass. 1989. "Recent Trends in Marital Disruption." *Demography* 26: 37-51.

Mason, Karen Oppenheim, and Bumpass, Larry L. 1975. "U.S. Women's Sex-role Ideology, 1970." *American Journal of Sociology* 90: 873-901.

Mason, Karen Oppenheim, and Karen Kuhlthau. 1989. "Determinants of Childcare Ideals among Mothers of Preschool-aged Children." *Journal of Marriage and the Family* 51(Aug.): 593-603.

Mason, Karen Oppenheim, and Yu-Hsia Lu. 1988. "Attitudes toward Women's Familial Roles: Changes in the United States, 1977-1985." *Gender & Society* 2(1): 39-57.

Mason, Karen Oppenheim, John L. Czajka, and Sara Arber. 1976. "Change in U.S. Women's Sex-role Attitudes, 1964-1974." *American Sociological Review* 41: 573-596.

Masnick, G., and M. Bane. 1980. *The Nation's Families: 1960-1990*. Boston: Auburn House.

Mattessich, Paul, and Reuben Hill. 1987. "Life Cycle and Family Development." In Marvin B. Sussman and Suzanne K. Steinmetz (eds.), *Handbook of Marriage and the Family*. New York: Plenum Press, pp. 437-469.

Mcauley, William J., and Cheri L. Nutty. 1982. "Residential Preferences and Moving Behavior: A Family Life-cycle Analysis." *Journal of Marriage and the Family* 44(May): 301-309.

Mcauley, William J., and Cheri L. Nutty. 1985. "Residential Satisfaction, Community Integration, and Risk Across the Family Life Cycle." *Journal of Marriage and the Family* 47(Feb.): 125-130.

McLanahan, Sara, and Lynne Casper. "Growing Diversity and Inequality in the American Family." In *State of the Union*. R. Farley (ed.), New York: Russell Sage Foundation, pp. 1-45.

McLaughlin, Steven D. 1982. "Differential Patterns of Female Labor Force Participation Surrounding the First Birth." *Journal of Marriage and the Family* 44(2): 407-420

Merton, Robert K. 1957. *Social Theory and Social Structure*. Glencoe, Ill.: Free Press.

Michael, Robert T. 1985. "Consequences of the Rise in Female Labor Force Participation Rates: Questions and Probes." *Journal of Labor Economics* 3(1/2): 117-146.

Michalopoulos, Charles, Philip K. Robins, and Irwin Garfinkel. 1992. "A Structural Model of Labor Supply and Childcare Demand." *Journal of Human Resources* 27(1): 166-203.

Miller, W.B. 1992. "Personality Traits and Development Experiences and Antecedents of Childbearing Motivation." *Demography* 29: 265-285.

Mincer, Jacob. 1960. "Labor Supply, Family Income, and Consumption." *American Economic Review* 50: 574-583.

Mincer, Jacob. 1962. "Labor Force Participation of Married Women." In H.G. Lewis (ed.), *Aspects of Labor Economics*. Princeton, N.J.: Princeton University Press, pp. 63-105.

Moen, P. 1992. *Women's Two Roles: A Contemporary Dilemma*. New York: Auburn House.

Molm, Linda D. 1978. "Sex Role Attitudes and the Employment of Married Women: The Direction of Causality." *The Sociological Quarterly* 19: 522-533.

Mott, Frank L. and David Shapiro. 1977. "Work and Motherhood: The Dynamics of Labor Force Participation Surrounding the First Birth." In *Years for Decision*, Vol. 4. Columbus, OH: Center for Human Resource Research, pp. 65-102.

Mroz, Thomas A., 1987. "The Sensitivity of an Empirical Model of Married Women's Hours of Work to Economic and Statistical Assumptions." *Econometrica* 55(4): 765-799.

Nakamura, Alice, and Masao Nakamura. 1985a. "Dynamic Models of the Labor Force Behavior of Married Women Which Can Be Estimated Using Limited Amounts of Past Information." *Journal of Econometrics* 27(3): 273-298.

Nakamura, Alice, and Masao Nakamura. 1985b. *The Second Paycheck: A Socioeconomic Analysis of Earnings*. Orlando, Fla: Academic Press.

Nakamura, Alice, and Mosao Nakamura. 1992. "The Econometrics of Female Labor Supply and Children." *Econometric Reviews* 11(1): 1-71.

Nakamura, Alice, and Masao Nakamura. 1994. "Predicting Female Labor Supply." *The Journal of Human Resources* 29(2): 304-327.

Newcomb, T. M. 1943. *Personality and Social Change*. New York: Dryden.

Nock, Steven L. 1979. "The Family Life Cycle: Empirical or Conceptual Tool?" *Journal of Marriage and Family* 41(1): 15-26.

Norton, Arthur J. 1983. "Family Life Cycle: 1980." *Journal of Marriage and Family* 45(2): 267-275.

O'Neill, June. 1994. "The Trend in the Male-female Wage Gap in the United States," *Journal of Labor Economics* 3(Part 2): 91-116.

Oppenheimer, Valerie Kincade. 1970. *The Female Labor Force in the United States*. (Population Monograph Series, No. 5.) UC-Berkeley.

Oppenheimer, Valerie Kincade. 1973. "Demographic Influence on Female Employment and the Status of Women." *American Journal of Sociology* 78(4): 946-961.

Oppenheimer, Valerie Kincade. 1974. "The Life Cycle Squeeze: The Interaction of Men's Occupational and Family Life Cycles." *Demography* 11(2): 227-245.

Oppenheimer, Valerie Kincade. 1977. "The Sociology of Women's Economic Role in the Family." *American Sociological Review* 42: 387-406.

Oppenheimer, Valerie Kincade. 1979. "Structural Sources of Economic Pressure for Married women to Work: An Analytical Framework." *Journal of Family History* 4(Summer): 177-197.

Oppenheimer, Valerie Kincade. 1982. *Work and the Family: A Study in Social Demography*. New York: Academic Press.

Oppenheimer, Valerie Kincade. 1988. "A Theory of Marriage Timing." *American Journal of Sociology* 94(3): 563-591.

Oppenheimer, Valerie Kincade. 1994. "Women's Rising Employment and the Future of the Family in Industrial Societies." *Population and Development Review* 20(2): 293-342.

Oppenheimer, Valerie Kincade. 1997a. "Women's Employment and the Gain to Marriage: The Specialization and Trading Model." *Annal Review of Sociology* 23: 431-453.

Oppenheimer, Valerie Kincade. 1997b. "Comment on 'The Rise of Divorce and Separation in the United States, 1880-1990'." *Demography* 34(4): 467-472.

Oppenheimer, Valerie Kincade, and Lewin, Alisa. 1997. "Career Development and Marriage Formation in a Period of Rising Inequality: Who is at Risk? What Are Their Prospects?" Unpublished Manuscript.

Oppenheimer, Valerie Kincade, and V. Lew. 1995. "American Marriage Formation in the Eighties: How Important was Women's Economic Independence?" In K. O. Mason and A. M. Jensen (eds.), *Gender and Family Change in Industrialized Countries*. Oxford: Clarendon, pp. 105-138.

Oppenheimer, Valerie Kincade, Hans-Peter Blossfeld, and Achim Wackerow. 1995. "New Developments in Family Formation and Women's Improvement in Educational Attainment in the United States." In Hans-Peter Blossfeld (ed.), *Family Formation in Modern Societies and the New Role of Women*. Boulder: Westview Press, pp. 150-173.

Oppenheimer, Valerie Kincade, Matthijs Kalmijn, and Nelson Lim. 1997. "Men's Career Development and Marriage Timing During a Period of Rising Inequality." *Demography* 34(3): 311-330.

Parsons, Talcott. 1949. "The Social Structure of the Family." In Ruth Anshen (ed.), *The Family: Its Function and Destiny*. New York: Harper and Brothers, pp. 173-201.

Preston, Samuel H. 1997. "Comment on 'The Rise of Divorce and Separation in the United States, 1880-1990'." *Demography* 34(4): 473-474.

Priebe, John A., 1968. *Changes between the 1950 and 1960 Occupation and Industry Classifications, with Detailed Adjustments of 1950 Data to the 1960 Classifications*. Washington, DC: Bureau of the Census.

Priebe, John A, Joan Heinkel and Stanley Greene. 1972. *1970 Occupation and Industry Classification Systems in Terms of Their 1960 Occupation and Industry Elements*. Washington, DC: Bureau of the Census.

Priebe, John A. 1990. *Changes between the 1980 and 1990 Occupational and Industry Classification Systems*. Washington, DC: Bureau of the Census.

Raftery, Adrian E. 1995. "Bayesian Model Selection in Sociology." In Peter V. Marsden (ed.), *Sociological Methodology* Vol. 25. Cambridge, MA: Basil Blackwell, pp. 111-163.

Rexroat, Cynthia, and Constance Shehan. 1987. "The Family Life Cycle and Spouses' Time in Housework." *Journal of Marriage and the Family* 49(Nov.): 737-749.

Ribar, David C. 1992. "Childcare and the Labor Supply of Married Women." *The Journal of Human Resources* 27(1): 134-165.

Rindfuss, Ronald R., and Audrey Vanden Heuvel. 1990. "Cohabitation: An Alternative to Marriage or a Precursor to Being Single?" *Population and Development Review* 16(Dec.): 703-726.

Robbins, Lionel. 1930. "Elasticity of Demand for Income in Terms of Effort." *Economica* June: 123-129.

Rodgers, Willard, and Arland Thornton. 1985. "Changing Patterns of First Marriage in the United States." *Demography* 22: 265-279.

Ross, Lee, and Richard E. Nisbett. 1991. *The Person and the Situation*. New York: McGraw-Hill Publishing Company.

Rossenfeld, Rachel A. 1996. "Women's work histories." In John B. Casterline, Ronald D. Lee and Karen A. Foote (eds.), *Fertility in the United States: New Patterns, New Theories*. (A supplement to the Population and Development Review volume 22.) New York: The Population Council, pp. 199-222.

Ruggles, Steven. 1997. "The Rise of Divorce and Separation in the United States, 18801990." *Demography* 34(4): 455-466.

Schaeffer, N. C., and Elizabeth Thomson. 1992. "The Discovery of Grounded Uncertainty: Developing Standardized Questions about Strength of Fertility Motivation." In P. Marsden (ed.), *Sociological Methodology*. Washington, DC: American Sociological Association, pp. 37-81.

Schultz, T. Paul. 1978. "The Influence of Fertility on Labor Supply of Married Women: Simultaneous Equation Estimates." In R. Ehrenberg (ed.), *Research in Labor Economics*. Greenwich, Conn: JAI Press, pp. 273-351.

Schuman, Howard. 1995. "Attitudes, Beliefs, and Behavior." In Karen Cook, Gary Fine and James S. House (eds.), *Sociological Perspectives on Social Psychology*. Boston: Allyn and Bacon, pp. 68-89.

Schumm, Walter R., and Margaret A. Bugaighis. 1986. "Marital Quality over the Marital Career: Alternative Explanations." *Journal of Marriage and the Family* 48(Feb.): 165-168.

Serif, M. 1937. "An Experimental Approach to the Study of Attitudes." *Sociometry* 1: 90-98.

Shank, Susan E. 1988. "Women in the Labor Market: The Link Grows Stronger." *Monthly Labor Review* 111: 3-8.

Shapiro, David, and Frank Mott. 1994. "Long-term Employment and Earnings of Women in Relation to Employment Behavior Surrounding the First Birth." *Journal of Human Resources* 29(2): 248-275.

Shaw, Kathryn. 1994. "The Growing Persistence of Female Labor Supply and Wages." *Journal of Human Resources* 29(2): 348-378.

Singer, Eleanor. 1981. "Reference Groups and Social Evaluations." In Morris Rosenberg and Ralph H. Turner (eds.), *Social Psychology*. New Brunswick: Transaction Publishers, pp. 66-93.

Smith, James P. 1979. *Female Labor Supply: Theory and Estimation*. Princeton, New Jersey: Princeton Univ. Press.

Smith, James P., and Michael P. Ward. 1984. *Women's Wages and Work in the Twentieth Century*. Santa Monica, CA: Rand Corporation.

Smith, James P., and Michael P. Ward. 1985. "Times Series Growth in the Female Labor Force." *Journal of Labor Economics* 3(12): 59-90.

Smith, James P., and Michael P. Ward. 1989. "Women in the Labor Market and in the Family." *Journal of Economic Perspectives* 3: 9-23.

Smith-Lovin, Lynn, and Ann R. Tickamyer. 1978. "Nonrecursive Models of Labor Force Participation, Fertility Behavior and Sex Role Attitudes." *American Sociological Review* 43: 541-557.

Smith, Tom W. 1990. "Liberal and Conservative Trends in the United States Since World War II." *Public Opinion Quarterly* 54: 479-507.

Smuts, Robert W. 1960. "The Female Labor Force: A Case Study in the Interpretation of Historical Statistics." *Journal of the American Statistical Association* 55(March): 71- 79.

Sørensen, Annamette. 1983. "Women's Employment Patterns after Marriage." *Journal of Marriage and the Family* 45: 311-321.

Sørensen, Elaine. 1990. "The Crowding Hypothesis and Comparable Worth." *Journal of Human Resources* 25: 55-89.

South, Scott J. and Glenna Spitze. 1986. "Determinants of Divorce over the Marital Life Course." *American Sociological Review* 51(August): 583-590.

Spanier, Graham B., William Sauer, and Robert Larzelere 1979. "An Empirical Evaluation of the Family Life Cycle." *Journal of Marriage and the Family* 41: 27-38.

Spitze, Glenna D., and Linda J. Waite. 1981. "Young Women's Preferences for Market Work: Responses to Marital Events." *Research in Population Economics* 3: 147-166.

Stolzenberg, Ross M., and Linda J. Waite. 1977. "Age, Fertility Expectations and Employment Plans." *American Sociological Review* 42: 769-783.

Stolzenberg, Ross M., and Linda J. Waite. 1984. "Local Labor Markets, Children, and Labor Force Participation of Married Women." *Demography* 21(2): 157-70

Suitor, J. Jill. 1991. "Marital Quality and Satisfaction with the Division of Household Labor across the Family Life-cycle." *Journal of Marriage and the Family* 53(Feb.): 221-230.

Sweet, James A. 1968. *Family Composition and the Labor Force Activity of Married Women in the United States*. PH.D. Book, Ann Arbor: Department of Sociology, University of Michigan.

Sweet, James A. 1970. "Family Composition and the Labor Force Activity of American Married Women." *Demography* 7: 195-209.

Sweet, James A. 1972. "Labor Force Reentry by Mothers of Young Children." *Social Science Research* 1: 189-201.

Sweet, James A. 1973. *Women in the Labor Force*. New York: Academic Press.

Sweet, James A. 1974. *Employment During Pregnancy*. (CDE Working Paper 74-16.) Madison, Wisconsin: Center for Demography and Ecology, University of Wisconsin-Madison.

Sweet, James A. 1982. "Work and Fertility." In Greer Litton Fox (ed.), *The Childbearing Decision: Fertility Attitudes and Behavior*. Beverly Hills, Calif.: Sage Publications, pp. 197-218.

Sweet, James A., and Bumpass, Larry. 1987. *American Families and Households*. New York: Russell Sage Foundation.

Sweet, James A., Bumpass, Larry, and V. Call. 1988. "The Design and Content of the National Survey of Families and Households." (NSFH Working Paper 1.) Center for Demography and Ecology, University of Wisconsin-Madison.

Sweet, James, and Vivien Lowe. 1974. *The Employment of Mothers of Young Children: 1970*. (CDE Working Paper 74-17.) Madison, Wisconsin: Center for Demography and Ecology, University of Wisconsin-Madison.

Swensen, Clifford H., Ron W. Eskew, and Karen A. Kohlhepp. 1981. "Stage of Family Life Cycle, Ego Development, and the Marriage Relationship." *Journal of Marriage and the Family* 43(Nov.): 841-853.

Tam, Tony. 1997. "Sex Segregation and Occupational Gender Inequality in the United States: Devaluation or Specialized Training?" *American Journal of Sociology* 102(6): 1652-1692.

Thomson, Elizabeth. 1997. "Couple Childbearing Desires, Intentions, and Births." *Demography* 34(3): 343-354.

Thomson, Elizabeth, and Yvonne Brandreth. 1995. "Measuring Fertility Demand." *Demography* 32(1): 81-96.

Thornton, Arland. 1989. "Changing Attitudes toward Family Issues in the United States." *Journal of Marriage and the Family* 51: 873-893.

Thornton, Arland, and Deborah Freedman. 1979. "Changes in the Sex-role Attitudes of Women, 1962-1977: Evidence from a Panel Study." *American Sociological Review* 44: 832-842.

Thornton, Arland, and Willard L. Rodgers. 1983. "Changing Patterns of Marriage and Divorce in the United States." *Final Report*. (Contract NO. 1-HD-02850.) National Institute for Child Health and Human Development.

Thornton, Arland, Duane F. Alwin, and Donal Camburn. 1983. "Causes and Consequences of Sex-role Attitudes and Attitude Change." *American Sociological Review* 48: 211-227.

Tienda, Marta. 1980. "Age and Economic Dependency in Peru: A Family Lief-cycle Analysis." *Journal of Marriage and the Family* 42(Aug.): 639-652.

Trzcinski, Eileen, and W.T. Alpert. 1990. *Leave Policies in Small Business: Findings from the U.S. Small Business Administration Employee Leave Survey*. Washington, DC: U.S. Small Business Administration, Office of Advocacy.

U. S. Department of Labor, Bureau of Labor Statistics. 1990. "Employee Benefits in Medium and large Firms, 1989." *Bulletin*. (No. 2363.) Washington, DC: U.S. Government

Printing Office.

U. S. Department of Labor, Bureau of Labor Statistics. 1992. "Employee Benefits in State and Local Governments." *Bulletin.* (No. 2398.) Washington, DC: U.S. Government Printing Office.

United States Bureau of the Census. 1972. *Public Use Samples of Basic Records From the 1970 Census, Description and Technical Documentation.* Washington D.C.: U.S. Department of Commerce.

United States Bureau of the Census. 1973. *Public Use Samples of Basic Records From the 1960 Census, Description and Technical Documentation.* Washington, D.C.: U.S. Department of Commerce.

United States Bureau of the Census. 1983a. *Census of Population, 1940: Public Use Microdata Sample Technical Documentation.* Washington D.C.: U.S. Department of Commerce.

United States Bureau of the Census. 1983b. *Census of Population and Housing, 1980: Public-Use Microdata Samples Technical Documentation.* Washington D.C.: U.S. Department of Commerce.

United States Bureau of the Census. 1984. *Census of Population, 1950: Public Use Microdata Sample Technical Documentation.* Washington D.C.: U.S. Department of Commerce.

United States Bureau of the Census. 1993. *1990 Census of Population and Housing: Public Use Microdata Samples Technical Documentation.* Washington D. C.: U. S. Department of Commerce.

Vines, Paula L. 1989. *The Relationship between the 1970 and 1980 Industry and Occupation Classification Systems.* Washington, DC: Bureau of the

Waite, Linda J. 1976. "Working Married women: 1940-1960." *American Sociological Review* 41: 65-80.

Waite, Linda J., 1980. "Working Married women and the Family Life Cycle." *American Journal of Sociology* 86: 272-294.

Waite, Linda J., 1981. "U.S. Women at Work." *Population Bulletin.* (Vol. 36, no.2, May.) Washington, D.C.: Population Reference Bureau, Inc.

Waite, Linda J., and Ross Stolzenberg 1976. "Intended Childbearing and Labor Force Participation of Young Women: Insights from Non-recursive Models." *American Sociological Review* 41: 235-252.

Waite, Linda J., Gus W. Haggstrom, and David E. Kanouse. 1985. "Changes in the Employment Activities." *American Sociological Review* 50(April): 263-272.

Waldman, Elizabeth. 1983. "Labor Force Statistics from a Family Perspective." *Monthly Labor Review* 106(Dec.): 16-20.

Walker, James R. 1991. *Public Policy and the Supply of Childcare Services.* (Discussion

Papers 933-91.) Madison, Wisconsin: Institute for Research on Poverty, University of Wisconsin-Madison.

Walker, James R. 1992. "New Evidence on the Supply of Childcare: A Statistical Portrait of Family Providers and an Analysis of Their Fees." *Journal of Human Resources* 27(1): 40-69.

Westoff, C. F., and N. B. Ryder. 1977. *The Contraceptive Revolution*. Princeton: Princeton University Press.

Yoon, Young-Hee, and Waite, Linda J. 1994. "Converging Employment Patterns of Black, White, and Hispanic Women: Return to Work After First Birth." *Journal of Marriage and the Family* 56 (Feb.): 209-217.